Das Wunder von Bern

Spaß am Lesen Verlag
www.spassamlesenverlag.de

Herausgeber: Aktion Mensch
Autorin des Textes in Einfacher Sprache: Marion Döbert
Endredaktion: Jürgen Genuneit
Satz und Gestaltung: Nicolet Oost Lievense
Cover Design: Jurian Wiese
Umschlagmotiv/Bild: Senator Entertainment GmbH/Shutterstock
Druck: BalMedia

ISBN 978-3-944668-08-6

Marion Döbert

Das Wunder von Bern

**Ein Buch in Einfacher Sprache in Anlehnung
an den Film von Sönke Wortmann**

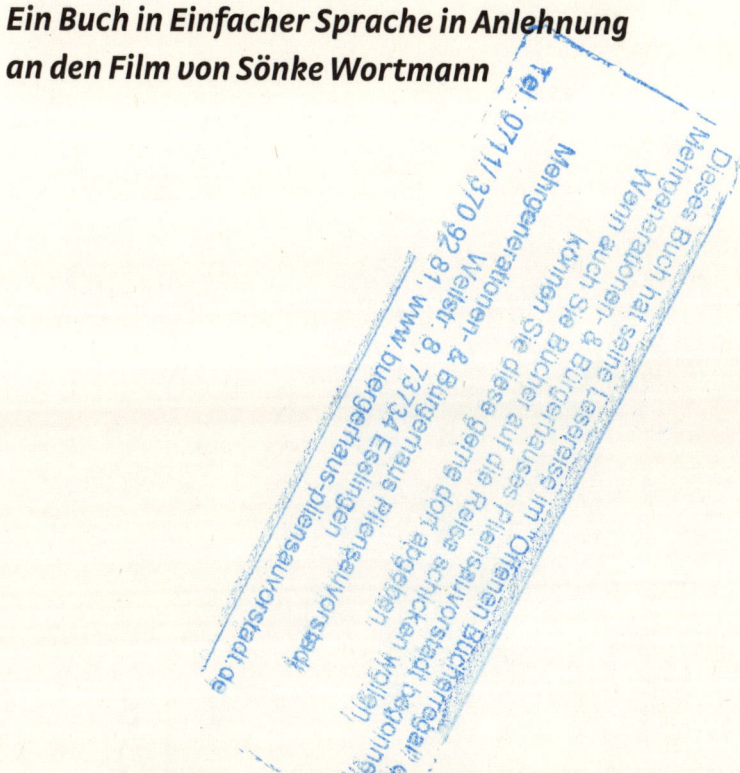

Schwierige Wörter oder Ausdrücke sind understrichen. Die Erklärungen stehen in der Wörterliste am Ende des Buches.

Inhalt

Die Taube

Wir Kinder sitzen wie Raben im Baum.
Bis ganz oben sind wir in die Äste geklettert.
Denn wir wollen ganz weit sehen können.

Wir starren in die grauen Wolken.
Unsere Blicke suchen den Horizont ab.
Aufgeregt sind wir. Wir zittern vor Spannung.
Wann, wann wird die Taube endlich zu sehen sein?
Und vor allem: Welche Nachricht bringt sie uns?
Was steht auf dem Zettel, den die Taube mitbringt?
Wir hoffen und <u>bangen</u>.

Hans sieht die Taube zuerst.
„Da ist sie! Da kommt sie!", ruft er ganz laut.
Wie reifes Obst fallen wir von den Ästen.
Schnell! Schneller!
Wir rennen, so schnell wir können.
Zu dem Haus, in dem die Taube
im Dachboden-Fenster verschwunden ist.

Schnell! Schnell, die Treppe rauf!
Zwei Stufen auf einmal!
Gleich wissen wir, was auf dem Zettel steht.
Wir reißen die Tür zum Dachboden auf.
Hier ist der Tauben-Schlag.
Hier wohnen die Brief-Tauben.

Erschrocken gurren die Tiere. Federn fliegen auf.
Da sitzt sie. Unsere Taube.
Die Taube mit der wichtigen Nachricht
an ihrem Körper.

Peter nimmt die Taube in seine Hände.
Schnell nimmt er das Papier aus der kleinen Hülle
auf ihrem Rücken.
Wir schweigen. Wir sehen uns an.
Gut oder schlecht?
Das entscheidet sich jetzt! Matthes hört auf
zu atmen. Die anderen auch.

„1:0", sagt Peter und lässt den Zettel sinken.
„Für wen?", fragt Matthes mit trockener Stimme.
„Aachen eins, Rot-Weiß Essen null."
„1:0?", fragt Matthes entsetzt.
Als könnte das jetzt noch was ändern.
Mit hängenden Köpfen verlassen wir den
Tauben-Schlag.
Matthes stehen die Tränen in den Augen.
Sein Fußball-Held hat kein Tor geschossen.

Familie Lubanski

Unsere Familie wohnt in Essen.
Aber Essen ist nicht irgendeine Stadt.
Essen liegt nämlich mitten im Ruhr-Pott.
Eigentlich heißt es „Ruhr-Gebiet",
weil es hier einen Fluss gibt.
Und das ist die Ruhr.
Aber „Ruhr-Gebiet" sagen nur die vornehmen Leute.

Doch wir sind nicht so vornehm.
Wir sagen nicht Ruhr-Gebiet, sondern „Ruhr-Pott"
oder einfach nur „Pott".
Pott kommt von „Pütt".
So nennt man das Berg-Werk,
in dem die Berg-Leute arbeiten.
Im Pütt ist die Kohle. Ganz tief unter der Erde.

Vornehm ist nichts bei uns im Ruhr-Pott.
Hier sind die Zechen. Dreck und Ruß.
Rauch und Staub.
Blauer Himmel, was ist das?
Unsere Häuser sind schwarz vom Staub der Kohle.
Die Wäsche auf der Leine ist gelb
wie der Rauch aus den Schornsteinen.
Ruß klebt auf den Straßen, an Türen und Wänden.
Und sogar auf dem Weiß-Kohl im Gemüse-Garten.

Bei uns im Pott sagt man statt „arbeiten":
„malochen".
Das ist nämlich viel härter als nur arbeiten.
Wir sagen auch nicht wie die feinen Leute
„das" und „was". Wir sagen „dat" und „wat".

Wir strecken auch nicht beim Trinken
den kleinen Finger von der Hand weg.
Und wir essen, weil wir Kohl-Dampf haben.
„Kohl-Dampf" sagen wir, wenn wir Hunger haben.
Hunger kennen wir noch vom Krieg. Aber jetzt
haben wir nur noch Hunger vom vielen Malochen.
Der Krieg ist zum Glück schon neun Jahre vorbei.

Unser Ruhr-Pott geht von Duisburg bis Dortmund,
und mittendrin liegt Essen.
Genau da wohnt unsere Familie.
Wir, die Familie Lubanski.

Aber wir sind nicht irgendeine Familie.
Wir sind keine normale Familie
mit Vater, Mutter, Kind.
Bei uns fehlt nämlich das Wichtigste: der Mann,
der Vater, das Oberhaupt der Familie.

Normal sitzt der Vater beim Essen
immer an derselben Stelle. Am Kopf des Tisches.
Da, wo man den ganzen Raum übersehen kann.

Da, wo man alles im Blick hat.
Da, wo man alles kontrollieren kann.
Da, wo kein anderer sitzen darf.
Nur das Oberhaupt der Familie darf da sitzen.
Und das Oberhaupt ist immer der Vater.
Das Oberhaupt ist immer der Mann.

Bei uns ist das anders:
Bei uns sitzt Benno am Kopf des Tisches.
Benno ist der Älteste von uns drei Kindern.
Benno ist schon 18.
Er ist fast schon fast ein Mann.
Benno lässt sich nicht mehr alles sagen.
Auch nicht von unserer Mutter Christa,
die ihm am Tisch gegenüber sitzt.
Am anderen Ende des Tisches sitzt sie.
Da hätte sich unser Vater Richard
niemals hingesetzt.
Damals, als er noch nicht verschwunden war.
Damals, als Richard noch das Oberhaupt der
Familie war.
Jetzt sitzt sein Sohn Benno auf seinem Platz.

Unsere Schwester Ingrid
hört noch auf unsere Mutter.
Obwohl Ingrid auch schon fast 17 ist.
Ingrid ist verdammt hübsch.
Sie sieht überhaupt nicht mehr aus wie ein Kind.

Ingrid Lubanski sieht so klasse aus, dass die Kerle
sich nach ihr umdrehen.

Und dann ist da noch der Kleinste: Matthias
Lubanski. Bei allen heißt er nur Matthes.
Mit seinen elf Jahren sieht er die Welt noch mit
Kinder- Augen.
Anders als sein Bruder Benno oder seine Schwester
Ingrid. Und ganz anders als seine Mutter Christa.

Matthes hat noch Träume. Matthes liebt Fußball.
Rot-Weiß Essen. Das ist seine Mannschaft.
Bei Rot-Weiß spielt Helmut Rahn.
Für Matthes ist der ein Fußball-Held.
Matthes darf ihm die Tasche mit seinem Sport-Zeug
tragen.
Dann, wenn es zum Training geht.
Bei uns in Essen wird Rahn nur „der Boss" genannt.
Der kann nämlich richtig guten Fußball schießen.
Der ist der Fußball-König vom Ruhr-Pott.

Für Matthes ist Fußball alles! Und wenn Rot-Weiß
Essen verliert, darf keiner von uns eine blöde
Bemerkung machen.

So wie heute beim Abend-Essen:
Mama betet mit uns das Tisch-Gebet,
und wir fangen an zu futtern.

Nur Matthes nicht.
Der reibt mit dem Finger auf dem Tisch herum.

„Matthes, du musst was essen", sagt Mama.
„Hab keinen Hunger", flüstert Matthes.
„Rot-Weiß hat verloren."
Mama lacht: „Die verlieren doch immer."

Das ist zu viel für Matthes. Er steht auf, geht hinaus.
Hinaus in den kleinen Garten, zum Kaninchen-Stall.
Da krabbelt er hinein und erzählt seinen beiden
Kaninchen von seinem Kummer:
„1:0. Wir haben verloren. So werden wir nie
deutscher Meister."

Die beiden Kaninchen, Atze und Blacky,
gehören auch zu unserer Familie.
Für Matthes sind sie wie Seelen-Tröster.
Wenn er traurig ist, kriecht er zu ihnen in den Stall.
Dann futtert er mit ihnen die alten Möhren.
Und wenn er mit ihnen spricht, geht es ihm gleich
viel besser.

Die Kneipe

Unsere Mutter Christa versucht, unsere Familie
über die Runden zu bringen.
Vier Köpfe ernähren, das ist kein Pappen-Stiel.

Als der Krieg vorbei war, hat unsere Mutter eine alte
Eck-Kneipe gekauft.
Dunkel und ungemütlich war die Kneipe damals.
Alles hat gestunken, nach altem Bier und
altem Rauch.

Unsere Mutter Christa hat erst mal Ordnung
geschaffen. Sie hat die Kneipe entrümpelt,
gestrichen, geputzt, gewischt und dann die Gläser
blank poliert. Seitdem ist „Das Eck" ein Treffpunkt
für alle.
Für alle, die bei uns um die Ecke wohnen.
Und für alle, die um die Ecke arbeiten.
Zum Feierabend ein frisches Pils trinken! Lecker!
Zusammen an der Theke sitzen und quatschen,
das gefällt den Leuten hier. Vor allem jetzt,
kurz vor der Fußball-Weltmeisterschaft 1954.

„Dat schaffen wir nie bis dahin", sagt Paule an der
Theke.„Da muss man dran glauben", meinen die
anderen. „Sonst wird dat nämlich nix.
Christa mach mal noch` n Pils für den Paule!"

Christa zapft das Bier und bedient.
Ingrid hilft dabei.
Benno nicht. Der macht Musik in einer Band.
„Band" heißt das nämlich jetzt und nicht mehr
Musik-Kapelle. Wie zu der Zeit, als Vater Richard
noch das Oberhaupt der Familie war.

Benno spielt Gitarre. Elektro-Gitarre. Fetzige Musik:
Boogie-Woogie.
Heiße Musik. Amerikanische Musik! Das ganze
Zeug, das im Krieg verboten war, das spielt er jetzt
mit seiner Band.
Solche Musik durfte man damals nicht mal im Radio
hören. Dann ging es ab in den Knast! Oder sonst
wo hin. Auf jeden Fall stand das unter Strafe, alles
Amerikanische, alles Englische, alles Ausländische.
Damals war nur alles Deutsche gut. Damals unter
den Nazis.
Deutsche Ordnung, deutscher Gehorsam, deutsche
Mütter, deutsche Musik.

Benno verachtet alles, was mit den Nazis zu tun hat.
Einmal hat Mama beim Nachbarn gefragt,
ob Benno bei ihm eine Lehre machen kann.
Zum Elektriker. „Dann soll er mal kommen",
hat der Nachbar geantwortet.
„Warst du heute auf deiner Lehr-Stelle?",
fragt Mama beim Essen.

„Da gehe ich nicht hin", sagt Benno.
„Ich mache keine Lehre bei einem Nazi.
Außerdem bin ich Musiker.
Wir spielen alles, was ihr früher *Neger-Musik*
genannt habt.
Was wir spielen, ist richtige Musik. Und mit der
Band kann ich auch Geld verdienen."

„Am Wochenende musst du in der Kneipe helfen",
sagt Mama zu Benno.
„Geht nicht. Da spiele ich mit der Band."

Mama sagt weiter nichts.
Sie weiß: Benno macht sowieso, was er will.

Der Vater

Ganz alleine hat Christa „Das Eck" aufgebaut,
denn ihr Richard ist nicht zurückgekommen aus
dem Krieg. Früher, da hat er die Familie ernährt.
Richard war Bergmann.
So wie viele Männer im Pott.

Tag für Tag ist Richard in die Kohlen-Grube
eingefahren. Runter unter die Erde. „Unter Tage
arbeiten" nennt man das. Weil das Tages-Licht
oben bleibt, während der Aufzug in die Tiefe stürzt.
Dunkel und dreckig war seine Arbeit.
Und hart, denn die Kohle wurde mühsam aus den
Wänden gehauen.

„Papa ist in Gefangenschaft bei den Russen",
hat Mama uns damals erklärt.
Kriegs-Gefangenschaft. Seit elf Jahren ist er nun
schon verschwunden.
Elf Jahre, das ist so viel, wie Matthes alt ist.

Ob Richard wohl tot ist? Oder lebt er noch?
Wenn er lebt, wo ist er dann? Kommt er eines Tages
vielleicht doch noch wieder?
Wie oft stellt sich Christa diese Fragen. Dann denkt
sie: „Richard. Mein Richard. Es ist nicht leicht
ohne dich."

Aber das Leben musste trotzdem weitergehen.
Auch ohne Papa.

Benno und Ingrid fragen nicht mehr oft nach Papa.
Matthes fragt überhaupt nicht nach ihm.

Matthes hat seinen Vater ja nie gesehen.
Was ist das, ein Vater? Das fragt er sich manchmal.
Und dann kommt Matthes zu dem Schluss:
Ein Vater, das ist so etwas wie ein Fußball-Spieler.
Ein Fußball-Held.
Ein Vater ist ein Held! Einer, den man bewundert.
Einer, der alles kann.
Vor allem Fußball spielen!

Der Boss

Matthes <u>klingelt Sturm</u>. Immer wieder drückt er
auf die Klingel mit dem Namen Rahn. Nichts rührt
sich. Matthes sieht nach oben.
Das Fenster vom Schlaf-Zimmer oben ist offen.
Schnell sucht Matthes
ein paar Steine und wirft einen nach dem anderen
in das offene Fenster.

„Ey, <u>willze</u> mich umbringen?", Helmut Rahn steht
oben am Fenster.
Im Unterhemd, verpennt und mit wirren Haaren.

„Wir müssen uns beeilen, Boss", ruft Matthes
zu ihm herauf.
„Wir müssen zum Training."
„Wat, wieso, wie spät is denn?", fragt der Boss.
„Halb fünf schon."
„Viertel-Stunde, dann bin ich unten."
Das Fenster geht zu.

Als der Boss endlich aus der Tür kommt,
drückt er Matthes seine Tasche mit dem Sportzeug
in die Hand.
„Spinnst du? <u>Kannze</u> mir doch nich Steine an den
Kopp werfen. Das hätte dein Vorgänger, der Mischa,
nie getan.

Und nach dem Spiel hatte Mischa immer
zwei Flaschen Bier für mich. Schön gekühlt."

Matthes bekommt es mit der Angst zu tun,
und fast weinend fragt er den Boss:
„Willst du den Mischa lieber wieder als
Taschen-Träger haben?"
Da merkt der Boss, dass er zu hart zu Matthes war.

Er beugt sich zu ihm hinunter
und packt ihn an den Schultern.
„Nee, Matthes, so war dat nich gemeint.
Du bist doch mein Maskottchen.
Du bringst mir doch immer Glück.
Ohne dich kann ich doch die wichtigen Spiele
gar nicht gewinnen!"

Matthes strahlt über das ganze Gesicht.
Der Boss, der ist und bleibt sein Boss.
Und der Boss braucht ihn. Ihn, Matthias Lubanski,
um gewinnen zu können.

Der Brief

Drei Tore hat der Boss beim Training geschossen.
Und das, obwohl er so verpennt war.
Angeblich war er wegen einer Besprechung
zu spät ins Bett gekommen.
Aber Matthes glaubt eher, dass der Boss zu viel Bier
getrunken hat. Egal!
Die Tore waren einfach klasse!
Glücklich hüpft Matthes nach Hause. Da will er
erst mal erzählen, wie der Boss an allen Spielern
vorbeigezogen ist. Wie der rennen kann, und wie
der täuschen kann.
Und dann schießt er zum Schluss wieder ein Tor!

Aber als Matthes in die Küche kommt,
ist alles anders.

Mama, Benno und Ingrid sitzen am Tisch.
Auf dem Tisch liegt ein Brief.
Alle drei sehen Matthes schweigend an.
„Was ist denn los?", fragt Matthes.
„Mama wollte den Brief erst aufmachen,
wenn alle da sind."

Matthes setzt sich an den Tisch. Er schaut auf
den Umschlag. So einen haben sie schon mal
bekommen. Vor ein paar Jahren.

In dem Brief wurde damals mitgeteilt, dass die Männer zurückkommen würden. Die Männer aus der russischen Kriegs-Gefangenschaft.
Mama, Benno, Ingrid und Matthes hatten sich ihre Sonntags-Kleidung angezogen und waren dann zum Bahnhof gegangen. Viele Männer waren damals aus dem Zug gestiegen, aber Papa war nicht mit dabei.

Christa nimmt den Brief vom Tisch.
„Und wenn er tot ist?", fragt Ingrid nervös.
Alle sehen sich an. Keiner weiß, was dann wäre.
Langsam öffnet Christa den Umschlag.
Langsam, vorsichtig.
Denn die Nachricht kann alles verändern.
Das ganze Leben kann so eine Nachricht verändern.
Und dann denkt sie: Richard, mein Richard.

Alle starren auf die Mutter. Sie schaut von dem Blatt auf und sagt:
„Bald werden wir wieder eine richtige Familie sein."
Die Kinder gucken sie fragend an, fast misstrauisch.
„Freut ihr euch denn gar nicht?"
„Und wenn Papa wieder nicht mit dabei ist",
sagt Ingrid.
Und das hört sich so an, als würde sie es fast ein wenig hoffen.

Am Abend sitzt Matthes wie immer
unten in der Kneipe.
Christa zapft Bier. Ingrid bedient die Gäste.
Benno hängt ein Plakat von der <u>Kommunistischen
Partei</u> auf. Die Kommunisten, die findet er gut.
Die tun wenigstens was für die Arbeiter.

Wie jeden Abend sammelt Matthes die <u>Kippen</u> aus
den Aschen-Bechern.
In den meisten Kippen ist noch ein Rest Tabak.
Matthes schneidet von den Kippen das Verbrannte
ab und lässt den restlichen Tabak auf den Tisch
rieseln. Da kommt schon was zusammen.
Dann dreht Matthes aus dem Tabak neue
Zigaretten. Richtige Zigaretten mit weißem Papier.
Die werden bei Christa in der Kneipe verkauft.
Denn Zigaretten sind heiß begehrt.

Alle wollen rauchen. Rauchen ist wie atmen.
Wie aufatmen nach dem Krieg.
Endlich kann man wieder das Leben genießen.
Sitzen, rauchen, Pils trinken und dazu über
Fußball reden.
Gerade jetzt zur Fußball-Weltmeisterschaft.
Die erste <u>WM</u>, bei der Deutschland wieder dabei
sein kann.
„Wenn die dat überhaupt schaffen, so weit zu
kommen", sagt Paule mal wieder.

Matthes kann es gar nicht erwarten, dass die Spiele beginnen. Erst recht nicht, wenn der Boss vielleicht mitspielen darf. Der spielt so toll.
Den müssen die doch in die deutsche Mannschaft holen! Ohne den Boss gewinnen die nie!

Vor Aufregung hat Matthes beinahe vergessen, dass morgen die Männer aus Russland wiederkommen.

Der Zug

Gerade noch rechtzeitig kommen wir am Bahnhof
an. Alle haben sich schick gemacht. Sogar Benno hat
sich ein Hemd angezogen, und Ingrid ist bildschön.
Mama hat ihr Sonntags-Hütchen auf dem Kopf.
Nervös hält sie sich an ihrer Hand-Tasche fest.
Die Haare von Matthes sind frisch gewaschen,
aber richtig wohl fühlt er sich nicht.

Auf dem Bahn-Steig stehen Menschen-Massen.
Frauen, Kinder, Kranken-Schwestern.
Alte Mütter, die hoffen, dass sie ihre Söhne
wiederfinden. Frauen, die auf ihre Männer warten.
Kinder, die nicht richtig wissen, um was es hier geht.

Frauen vom Deutschen Roten Kreuz haben Tische
aufgestellt.
Suppe und Brot soll es für die Männer geben.
Zur Begrüßung ein warmes Essen.
Das tut gut. Vielleicht das erste warme Essen
nach der Gefangenschaft?

Alle laufen und reden durcheinander. Alle sind
gespannt, und manche haben Angst. Dass der Mann
wieder nicht dabei ist. Dass er doch tot ist.

Plötzlich spielt die Blas-Kapelle.

Da, da hinten kommt der Zug!
Da hinten, da kommen sie! Christa wird fast
schlecht. Ihre Hände zittern.
Die Lokomotive fährt ein, mit Zweigen geschmückt.
Fauchend hält sie an.
Matthes drückt sich näher an Mama heran.
Alle gucken wie gebannt auf die Türen.

Da steigen die ersten Männer aus.
Bärtige Männer. Abgemagert. Müde.
Ihre Gesichter sind starr.
Ohne Freude, ohne Hoffnung.
Hunger und Kälte haben alles Leuchten aus ihren
Augen genommen.
Und Angst steht auch in ihren Blicken.
Wird mich jemand abholen?
Was war in all den Jahren?
Wie wird es weitergehen?
Wird mich jemand lieben?

Alle suchen, suchen nach ihrer Familie.
Eine alte Frau zeigt ein Foto ihres Sohnes.
„Wo ist er?", ruft sie zu den Männern.
„Kennt ihr ihn? Habt ihr ihn gesehen?
Lebt er? Lebt er? Wo ist mein Sohn?"
Stumm gehen die Männer an ihr vorbei.
Manche beachten sie gar nicht.
Andere schütteln den Kopf.

Alle Männer tragen dieselben alten Soldaten-Mäntel. Und alle haben denselben traurigen Blick. Den traurigen Blick über die verlorenen Jahre. Christa muss genau hinsehen, um einzelne Gesichter zu erkennen.
Ein Mann hat seine Frau gefunden. Sie umarmen sich, als wollten sie sich nie wieder loslassen.

Da ist er. Christa hat ihn erkannt. Innerlich schreit sie: „Richard, mein Richard!"
Aber – wie gelähmt – bleibt sie stehen. Sie kommt nicht von der Stelle.

Richard aber kommt auf sie zu. Schon hebt Christa ihre Arme, um ihn endlich zu umarmen. Aber Richard sieht Ingrid. Er läuft auf sie zu.
Er drückt Ingrid fest an sich. Erschöpft und erleichtert sagt er: „Meine Christa." Er stützt sich auf Ingrid und weint.

„Papa. Papa!" Vorsichtig schiebt Ingrid ihren Vater von sich weg.
„Papa, ich bin Ingrid. Deine Tochter."
Richard ist verwirrt. Jetzt erst sieht er Christa neben Ingrid stehen.
Jetzt erst sieht er, dass Christa alt geworden ist. Älter jedenfalls als vor elf Jahren. Als sie noch so aussah wie Ingrid jetzt.

Richard schaut von Christa zu Benno.
Den erkennt er wieder.

„Und wer ist der da?", fragt Richard und zeigt
auf Matthes.
Matthes rückt noch näher an seine Mutter.
„Das ist der Jüngste. Das ist Matthias.
Das hatte ich dir doch im Brief geschrieben."

„Ich habe nie einen Brief bekommen."

Wieder zu Hause

Beim Abend-Brot sitzt Benno wieder da, wo Kinder sitzen. Richard hat seinen Platz eingenommen.

„Vor elf Jahren hattest du doch Urlaub von der Front", versucht Christa noch einmal zu erklären.
„Und Matthes ist elf", ergänzt Benno.
Dann grinst er und sagt:
„Elf Jahre und neun Monate."

„Halt deine vorlaute Klappe!", sagt Richard rau.
„Ich bin doch kein kleines Kind mehr", wehrt sich Benno. Doch Richard herrscht ihn an:
„Du redest, wenn ich dich frage und sonst nicht!"

Benno wirft einen Blick zu Mama. Aber die guckt nach unten auf ihren Teller. Schweigend essen wir weiter.

Nach dem Abend-Essen gehen wir alle zusammen in die Kneipe.
Heute Abend ist geschlossen, wegen der Rückkehr von Papa.

Stolz erzählt Christa, wie sie „Das Eck" so gemütlich gemacht hat. Sie erzählt, dass die Kneipe gut läuft.
Die Familie kommt damit ganz gut über die Runden.

„Zur Fußball-Weltmeisterschaft will ich einen
Fernseher kaufen.
Du wirst staunen, wie viele Leute dann kommen!"
Christas Augen leuchten vor Freude.
So stolz ist sie, dass sie das alles geschafft hat.

„Und du stehst hier jeden Abend und bedienst die
Kerle?", fragt Richard wie in einem Verhör.
„Ich bediene die Gäste, und Ingrid hilft."

„Und du? Arbeitest du hier auch mit?",
fragt Richard zu Benno hinüber.
„Ich bin Musiker", antwortet Benno kurz.
„Aha, Musiker", sagt Richard voller Verachtung.

Dann zeigt er auf das Foto von Helmut Rahn
an der Wand: „Und wer ist der?"

„Das ist der Boss", antwortet Matthes mit
glänzenden Augen. „Der beste Fußballer von
Rot-Weiß, und National-Spieler ist er auch.
Ich, ich bin sein Taschen-Träger. Und ohne mich
kann er die wichtigen Spiele nicht gewinnen.
Das hat der Boss selbst gesagt."
Die Stimme von Matthes überschlägt sich
vor Begeisterung.

Benno sieht seinen Vater herausfordernd an:

„Der Boss ist für Matthes so was wie eine
Vater-Figur."
Richard zuckt zusammen. Das hat ihn getroffen.

Dieser Tag war nicht leicht. Für keinen von uns.
Unruhig und müde gehen wir zu Bett.

Richard putzt sich in der Küche die Zähne.
Christa hat sich schon ins Bett gelegt.
Gleich wird Richard zu ihr kommen.
Elf Jahre lang hat sie keinen Mann mehr gehabt.
Elf Jahre ohne Zärtlichkeiten.
Christa sieht an die Zimmerdecke. Mit einem Gefühl
von Angst und Sehnsucht zugleich.

Richard kommt zu ihr ins Bett.
„Die Kinder müssen erstmal wieder Disziplin lernen.
Die machen ja, was sie wollen."
Christa entschuldigt sich.
„Ich hatte so wenig Zeit. Wegen der Wirtschaft."

„Das wird jetzt alles anders", sagt Richard.
„Alle, die in Russland waren, kriegen Geld vom
Staat. Eine Entschädigung.
Wenn ich die habe, geht es uns besser. Außerdem
gehe ich wieder zur Zeche. Ich werde ja wohl selber
eine Familie ernähren können!
Und die Kneipe, die wird dann verkauft."

Christa sieht ihn erschrocken an.
Ihre Arbeit. Ihr Werk. Das soll sie alles aufgeben?

Richard macht ihr Angst. Sie mag es nicht, wie er
mit den Kindern redet. Bisher waren sie alle doch
eigentlich ganz glücklich gewesen.
Trotzdem fühlt sie sich noch immer zu Richard
hingezogen. Zärtlich legt sie ihre Hand auf seine
Brust. Aber Richard wehrt ab.

„Lass mir noch Zeit, Christa."

Tschüss Boss!

Christa dreht die Antenne hin und her. Mal ist das Bild im Fernseher ganz klar. Dann fängt es wieder an zu flimmern. Nichts zu sehen. Nur Rauschen und schwarz-weiße Linien und Punkte.

„Ich bringe die Kiste wieder zurück, wenn die nichts taugt", sagt Christa entnervt.

„Das geht nicht, Mama", wendet Ingrid ein.
„Dann gehen alle zu Johann in die Wirtschaft. Der hat jetzt auch einen Fernseher angeschafft. Und die Männer sind wild auf Fußball. Die wollen die WM in der Kneipe gucken. Haben doch selber alle keinen Fernseher zu Hause."

„Recht hast du", sagt Mama und dreht weiter an der Antenne herum.

„Mensch, Christa, mach dat Bild wieder da hin! Es geht um´s Eingemachte!", rufen die Männer in der Kneipe.

„Deutschland hat es geschafft!", schreit es plötzlich aus dem Kasten. „Deutschland hat sich qualifiziert! Deutschland fährt mit in die Schweiz! Deutschland fährt zur Weltmeisterschaft!"

Alle springen auf, schreien, toben, lachen,
fallen sich in die Arme, schlagen sich auf die
Schultern: Deutschland ist dabei!
Gläser fallen auf den Boden.
Sektkorken knallen!
Das entscheidende Spiel ist gewonnen.
3:1 in Saarbrücken gegen das Saarland.
Nach dem Spiel gegen Norwegen in Hamburg
hat Deutschland jetzt auch an der Saar gesiegt.

Ein Traum! Deutschland hat einen neuen Traum!
Die Fußball-Weltmeisterschaft.
Die Kneipe tobt. Christa zapft Bier bis zum
Umfallen. Und Paule heult: „Dat ich dat noch
erleben kann. Pils für alle! Und Prost auf den Boss!"

Ein paar Tage später bringt Matthes den Boss
zum Zug. Er steigt mit ihm zusammen ein.

„Kann ich denn nicht mitfahren, Boss?"
Helmut Rahn hat nämlich einen Brief bekommen.
Eine Einladung ins Trainings-Lager für die National-
Spieler. In die Sportschule München-Grünwald.
Auf geht es nach München! Auf zum Training für
die Weltmeisterschaft!

„Kann ich dir da nicht auch die Tasche tragen?",
fragt Matthes traurig.

„Dat geht nich, Kleiner. Da kannze nich mit.
Und du musst dich auch um deinen Vater kümmern.
Der hat eine echt schwere Zeit hinter sich."

Matthes senkt den Kopf. „Ich hätte lieber dich
als Vater."

„So wat musse nich sagen. Ich denk auch an dich.
Und drück mir fest die Daumen! Und jetzt raus mit
dir, Furz-Knoten!
Der Zug fährt gleich ab."

Traurig lässt Matthes die Tasche los. „Viel Glück,
Boss!" Mit Tränen in den Augen winkt er dem Zug
hinterher.

Es ist Mai 1954. Nur noch wenige Wochen bis zur
Weltmeisterschaft in der Schweiz.

Der Verteidiger

Ohne den Boss ist das Leben trostlos.
Ab und zu spielt Matthes mit den Nachbar-Kindern
Fußball. Das lenkt ab.
Einen richtigen Leder-Ball haben sie nicht.
Nur einen schmutzigen Ball aus Stoff-Fetzen.

Matthes ist ein schlechter Spieler.
Mischa und Bubi spielen sehr gut. Rainer noch
besser. Und sogar Karola – das einzige Mädchen –
spielt besser als Matthes.

Richard Lubanski raucht draußen vor dem Haus.
Er beobachtet die Kinder.
Niemand will Matthes in seiner Mannschaft haben.
Matthes verpasst die Bälle, schießt sie in eine
falsche Richtung. Und schließlich lässt er als
Torwart auch noch den Ball durchrollen.

Richard dreht sich weg und beginnt, das Holz zu
hacken. Matthes geht nach dem Spiel zu ihm rüber.

„Ein Satz mit X", sagt Richard.
„War wohl nix!", antwortet Matthes.

Viel haben die beiden nicht zusammen geredet,
seitdem Richard aus Russland zurück ist.

„Karola spielt gut, nicht wahr, Papa?"

„Ja", antwortet Richard. „Das Mädchen ist nicht schlecht."

„Und ich, Papa?"

Da redet Richard auf einmal ganz schnell:

„Du spielst nicht gut, weil du was machst, was du nicht bist.

Du willst nachmachen, was der Boss macht.

Aber du bist kein <u>Rechts-Außen</u>.

Versuch nicht, eine schlechte Kopie von einem Star zu sein!

Du bist zäh, und du bist laufstark. Du bist ein echter <u>Verteidiger</u>.

Wenn du als Verteidiger spielst, will dich jeder in seiner Mannschaft haben."

Die Augen von Matthes glänzen. Dann fragt er ganz vorsichtig:

„Mama hat gesagt, dass du früher auch Fußball gespielt hast.

Und dass du ein richtig guter Fußballer warst.

Stimmt das, Papa?"

„Nein!", antwortet Richard kurz.

Und er haut so fest auf den Klotz, dass er das Holz-Stück verpasst.

Die Entschädigung

Richard hat einen Brief vom Amt erhalten. Er soll vorbeikommen. Wegen der Entschädigung.
Am nächsten Tag sitzt er auf dem Flur und wartet, bis er aufgerufen wird.

„Guten Tag, Herr Lubanski", begrüßt ihn der junge Beamte, ohne dass er von seinem Schreib-Tisch aufsieht.
Dann blättert er in seinen Papieren und sagt:
„Wegen Ihrer Entschädigung, da muss ich Sie enttäuschen.
Sie bekommen nicht so viel, wie Sie berechnet haben. Sie haben fünf Jahre zu viel berechnet."

„Was?", fragt Richard. „Ich verstehe das nicht.
Ich war elf Jahre im Krieg und in russischer Gefangenschaft.
Da verzählt man sich nicht.
Das sind elf Jahre meines Lebens, die futsch sind.
Das Geld steht mir zu!"

„Ruhig, ruhig, Herr Lubanski! Bleiben Sie ruhig.
Sonst geht hier gar nichts!"

Richard atmet schnell und drückt sich an die Lehne des Stuhls.

„Fünf Jahre können wir nicht anerkennen. Denn in der Gefangenschaft hatten Sie ein Straf-Verfahren. Sie wurden von den Russen verurteilt.

Wegen Sabotage und Dieb-Stahl. Dafür haben Sie fünf Jahre Haft bekommen. In der Zeit waren Sie nicht in Kriegs-Gefangenschaft.

In der Zeit waren Sie in Straf-Gefangenschaft. Dafür gibt es keine Entschädigung."

Richard springt auf und beugt sich über den Schreib-Tisch.

„Wissen Sie eigentlich, was wir durchgemacht haben?", schreit er den Beamten an.

„Tod und Elend. Jeden Tag das Rattern von Maschinen-Gewehren.

Fauliges Wasser. Kameraden, die neben dir erschossen werden.

Angst. Jeden Tag nur nackte Angst.

Alles für das Vater-Land.

Und dann in Sibirien eisige Kälte. Finger und Zehen, die erfrieren und von dir abfallen wie Leichen-Teile.

Hunger, jeden Tag Hunger.

Und Sie reden von Dieb-Stahl und Sabotage?

Eine Dose braunen Zucker haben wir aus der Küche geklaut. Eine Dose.

Fünf Jahre Haft haben wir dafür bekommen.

Und für all das werde ich jetzt doppelt bestraft?"

„Vorschrift ist Vorschrift! Ich kann da nichts
machen."
Ohne das Gesicht zu verziehen, guckt der Beamte
in seine Papiere.
„Verlassen Sie jetzt mein Büro, Herr Lubanski.
Es gibt noch andere, die draußen warten."

Fassungslos verlässt Richard das Gebäude.
Er geht durch die Straßen wie jemand, der kein Ziel
mehr hat.
Wie jemand, der nicht mehr weiß, wo er hingehört.

Der Tanz-Palast

Heute Abend spielt die Band von Benno im
Tanz-Palast.
Früher wurde dort nur langweilige Musik gespielt.
Getanzt wurden Walzer und Fox-Trott. Heute Abend
spielt keine Tanz-Kapelle.
Heute Abend spielt die Band. Und da soll es richtig
abgehen.

Die Jungs von der Band haben sich schon eingespielt.
Der Saal ist rappelvoll.
Auf der Tanz-Fläche toben die Fans zur
Boogie-Woogie-Musik.
Ein englischer Soldat wirbelt Ingrid im Kreis herum.
Heiß ist ihr. Und glücklich ist sie.

Mama hat ihr heute frei gegeben, damit sie auch
mal rauskommt.
Damit Ingrid auch mal unter junge Leute kommt.
Nicht nur immer Paule und die Theken-Gäste.
Mama hat Ingrid sogar von ihrer eigenen Schminke
was abgegeben.
Make-up, Wimpern-Tusche, Lippen-Stift.
Ingrid hat nicht dick aufgetragen.
Nur ein wenig. Aber weil Ingrid hübsch ist,
ist sie jetzt noch hübscher.
Ihre roten Lippen, die fallen schon auf.

Auch ihre schmale Taille, ihr Schwung in den
Hüften. Beim Boogie-Woogie, wenn sie sich dreht.
Dann lacht sie in das Soldaten-Gesicht.
Und alle lachen ihr zu.

Beim nächsten Stück dreht die Band noch mehr auf.
Schneller und schneller wird getanzt.
Ingrid strahlt mit roten Wangen.
Doch plötzlich spürt sie Blicke.
Wie Pfeile spürt sie Blicke auf sich gerichtet.
Von der Tür her. Da steht er.

Da steht Richard. Ihr Vater.

Der Blick von ihrem Vater ist kalt wie Stein.
Ingrid guckt zu Benno auf die Bühne hinauf.
Benno sieht Richard, und er weiß sofort, was gleich
passiert.

Der Vater sagt kein Wort. Aber Ingrid weiß Bescheid.
Sie nickt nur kurz ihrem Tanz-Partner zu.
Der versteht nicht, warum Ingrid so ängstlich
schaut und geht. Er sieht nur noch, wie Richard die
Tür von außen zuschlägt.

„Du gehst zu so was nicht mehr hin!
Da hast du nichts zu suchen!"
Ingrids Vater ist aufgeregt.

„Aber, Papa, da ist doch nichts dabei.
Und Mama wusste doch auch Bescheid."
Aber Richard hört ihr gar nicht zu.

„Ich verbiete dir, dich so <u>aufzutakeln</u>.
Und wehe, ich erwische dich noch mal
mit Soldaten!"
„Ich bin doch schon fast 17", schreit Ingrid zurück.
Doch Richard bleibt hart.
„So lange du unter meinem Dach wohnst,
gibt es Regeln. Und an die wirst du dich halten!"
Wütend und weinend läuft Ingrid nach Hause.
Wäre der Vater doch in Russland geblieben!

Das Trainings-Lager

Der Boss rennt eine Runde nach der anderen.
Alle müssen sich erst einmal aufwärmen.
Dann kommen die Liege-Stütze.
Aber erst noch die Rede vom Trainer.

Sepp Herberger pfeift alle zusammen:
„Also, Jungs in zwei Wochen geht es los!
Fußball-Weltmeisterschaft.
Und wir wollen einen guten Eindruck machen.
Ich habe euch beobachtet. Und da gibt es noch
einige Mängel.
Da muss noch nachgebessert werden.
Deshalb jetzt erstmal 50 Liege-Stütze!"

Fritz Walter, Karl Mai, Werner Liebrich, Horst Eckel,
Karl-Heinz Metzner, Helmut Rahn und all die
anderen, sie legen sich auf den Bauch.
Sie stützen die Arme ab, und los geht es!
Herberger guckt aber nicht nur zu.
Nein, er macht mit und beobachtet dabei die Jungs:
32, 33, 34, 35 ...
Die Liege-Stütze machen dem älteren Trainer gar
nichts aus. Aber die Gesichter der jungen Spieler
sehen immer qualvoller aus.
Der Boss schnauft. Metzner hat einen Krampf.
Karl Mai gibt auf.

Sepp Herberger macht weiter. Ganz entspannt. 50!
Danach geht es weiter mit der Lage-Besprechung.

„Übrigens, Metzner", sagt der Trainer lauter als
sonst. „Sie sind ein sehr guter Fußballer."
Karl-Heinz Metzner freut sich und guckt stolz
in die Runde.
„Aber", sagt der Trainer weiter, „Sie rauchen
heimlich. Und deshalb betrügen Sie Ihre
Mannschaft.
Wenn Sie nämlich nicht rauchen würden,
würden Sie noch besser spielen.
Deshalb möchte ich, dass Sie Ihre Sachen packen
und heute noch nach Hause zurückfahren!"

Metzner ist wie am Boden zerstört.
Die anderen sehen erschrocken zu ihm rüber.

Nach dem Training sitzen Herberger und Adi
Dassler zusammen.
Adi macht Sport-Schuhe und berät den Trainer.

Adi sagt vorsichtig zu Herberger: „Waren Sie da
nicht ein wenig zu streng mit Metzner vorhin?"
Herberger nickt.
„Natürlich muss der nicht nach Hause fahren.
Aber die Jungs müssen lernen, sich an die Regeln zu
halten. Keine Zigaretten! Kein Alkohol!

Nur so haben wir eine Chance, gut zu spielen.
Aber Adi, jetzt zeig mal, was du da mitgebracht hast."

Adi packt Fußball-Schuhe aus.
„Die habe ich ganz neu entwickelt", erklärt er
dem Trainer.
„Schuhe mit <u>Stollen</u>. Mit Stollen zum Schrauben.
Für jedes Wetter die passenden Stollen. Die kurzen
bei trockenem Wetter und die langen, wenn der
Rasen so richtig schön nass und matschig ist."

Herberger strahlt über das ganze Gesicht.
„Wenn wir Glück haben, kommen wir bis ins <u>Finale</u>.
Und wenn es beim Finale regnet, dann werden wir
für Deutschland gewinnen!
Adi, ich nehme zwei komplette <u>Sätze</u> von den
Schuhen für die Weltmeisterschaft."

Die Zeche

Richard steht vor dem Zechen-Gebäude.
Der hohe Förder-Turm steht da wie ein riesiges A
aus rostigem Stahl.
Genauso wie vor dem Krieg. Hier ist alles so
geblieben.
Hier wird immer noch die Stein-Kohle aus der
Erde geholt. In Schichten fahren die Männer in die
Tiefe hinunter.

Richard ist zur Früh-Schicht gekommen.
Viele Kumpels erkennen ihn wieder.

„Mensch, Richard, schön, dass du wieder da bist.
Willkommen im Pütt!"
Sie klopfen ihm freundlich auf die Schultern.
„Du wirst dich wundern", sagen sie dann noch.
„Da unten hat sich viel verändert. Da unten
in der Grube."

Mit ihren Helmen und Gruben-Lampen
steigen die Männer in den Aufzug.
Wie in einem Draht-Käfig stehen sie eng
zusammen.
Ein letztes Mal sehen sie das Tageslicht.
Dann sagen sich alle den Gruß der Bergleute:
„Glück auf, Kameraden!"

Der Aufzug-Käfig stürzt in die Tiefe.
12 Meter in 1 Sekunde.
24 Meter in 2 Sekunden.
60 Meter in 5 Sekunden.

Richard schluckt, damit der Druck in den Ohren
nachlässt. 720 Meter in einer Minute.
Der Korb rast weiter, noch weiter nach unten.
Eine und eine halbe Minute. Rums!
Der Käfig hält an. 1000 Meter unter der Erde
verlassen die Männer den Aufzug,
ohne den sie nie wieder nach oben könnten.

Richard hat immer als Bergmann gearbeitet.
Vor dem Krieg.
Er kennt das alles. Den Draht-Aufzug, die Fahrt in
die Tiefe und die Dunkelheit.

Aber heute bleibt sein Blick an dem kleinen Käfig
mit dem gelben Vogel hängen.
Ein Berg-Mann hat ihn mit nach unten genommen.
Denn ein Kanarien-Vogel kann Leben retten. Weil er
Gase bemerkt.
Giftige Gase, die sich hier unten bilden können.
Giftige Gase, die ein Mensch nicht bemerkt.
Eine Sekunde lang muss Richard an die Gas-Maske
denken.
Die Gas-Maske, die er im Krieg tragen musste.

Die Maske, die ihm das Atmen so schwer machte.
Aber ohne die Maske wäre er erstickt.

Ein Pferd wird vorbeigeführt. Es ist eins von den
Zug-Pferden.
Die Pferde ziehen die Karren mit der Kohle durch
die langen Gänge. Einige Pferde bleiben ihr ganzes
Leben lang hier unten.
Manche Pferde bleiben zwölf Jahre unter Tage.
So viele Jahre, wie Matthes bald alt wird.
So viele Jahre, wie Richard fast verloren hat.

Richard denkt an die Pferde im Krieg.
An die Schüsse, und wie sich die Pferde dann
aufbäumen.
Sie wiehern nicht. Sie schreien, bevor sie tot
zusammenstürzen.
Richard fühlt kalten Schweiß auf seiner Stirn.
Ihm wird übel, aber er muss sich jetzt
zusammenreißen.

Ein Kumpel drückt ihm einen Pressluft-Hammer
in die Hand.
Richard steht in der Mitte. Links ein Kumpel,
rechts ein Kumpel.
Maschinen dröhnen auf dem harten Stein.
Ratta-tatta-ta! Ratta-tatta-ta!
Richard steht wie gelähmt.

Ratta-tatta-ta! Ratta-tatta-ta!
Maschinen-Gewehre! Es ist Krieg!
Geht in Deckung! Geht in Deckung!
Kapiert ihr denn nicht?
Alles dreht sich in Richards Kopf.
Ratta-tatta-ta! Ratta-tatta-ta!
Das Blut spritzt in die Augen.
Richard hält sich mit den Händen den Kopf.
Das Pferd bäumt sich auf. Es wird sterben.
Der Vogel. Er wird sterben.
Die Kameraden werden sterben!
Raus! Lauft! Seht ihr denn nicht das Blut?
Richard schlägt um sich und schlägt und schlägt.
Ich muss töten! Ich muss töten! Ich muss retten!
Die anderen erschlagen, um selbst zu überleben.
Raus hier! Nur raus!
Würgen im Hals. Das Gas! Das Gas kommt!

Vier Berg-Leute haben sich auf Richard gestürzt.
Nur mit großer Mühe
können sie ihn in den Griff bekommen.
Einer packt ihn von hinten am Hals.
Zwei andere hebeln seine Arme auf den Rücken.
Der Vierte bindet ein Seil um Richards Beine.
Richard tritt, tobt, schlägt und schreit.

Notruf! Notruf! Alarm in Schacht 4!
Jeder denkt da oben: Es ist Wasser im Schacht.

Oder Gas ist ausgetreten.

Dann sehen sie Richard im Aufzug.

Bewusstlos hängt er in den Armen der Kumpel.

„Dat is vorbei für den Richard", sagt der Vorarbeiter.

„Der kann nich mehr nach unten.

Der kann den Krieg nich vergessen.

Vorbei is dat mit der Maloche im Pütt.

Kerle, Kerle, wat soll nur mit dem Richard werden?"

Die Kirche

Richard sitzt in der Kirchen-Bank.
Eigentlich hat er immer an Gott geglaubt. Früher.
Er hat darauf vertraut, dass es Gut und Böse gibt.
Und Gerechtigkeit.
Doch jetzt sitzt er da und kann nicht mehr beten.

In der Grube, da unten, ist er durchgedreht.

Kurz-Schluss im Kopf und in allen Gefühlen.
Danach hat er tagelang im Bett gelegen.
Mit Tabletten zur Beruhigung.
Christa und die Kinder sind durch die Wohnung
geschlichen.
Leise! Leise! Nur nicht den Papa stören!

Richard fühlt sich wie amputiert.
Mit beiden Armen und Beinen
ist er zurückgekommen.
Aber er hat den Boden unter den Füßen verloren.
Und ohne Arbeit ist es wie ohne Arme.

Keine Entschädigung, keine Arbeit.
Sohn Benno ist gegen ihn.
Tochter Ingrid auch.
Christa flüchtet sich in ihre Arbeit.
Und der Kleine hat einen Fußballer als Vater-Ersatz.

Der Kleine! Was macht der denn hier?
Richard sieht Matthes in die Kirche kommen.
Matthes geht nach vorne, fast bis zum Altar.
In der dunklen Kirche hat er seinen Vater
nicht gesehen.
Richard versteckt seinen Kopf in seinen Händen.
Er beobachtet Matthes durch seine Finger.

Matthes geht zu den Opfer-Kerzen.
Für jeden Menschen, an den man denkt,
kann man eine Kerze anzünden.
Matthes wirft ein Geld-Stück in einen Kasten.
Dann nimmt er eine Kerze und zündet sie an.
Er kniet sich in die Bank und betet.

Richard sieht zu seinem Sohn.
Für wen mag er beten? Vielleicht für mich?
Vielleicht habe ich doch noch nicht alles verloren?

Als Matthes aus der Kirche geht,
versteckt Richard wieder sein Gesicht.
Matthes hat nichts bemerkt.

Heute Abend ist „Das Eck" zum Platzen voll.
Heute ist das Vor-Runden-Spiel:
Deutschland gegen Ungarn.

Matthes sitzt am Eingang und kassiert Eintritt.

Jeder, der kommt, muss 50 Pfennig bezahlen.
Alle wollen das Spiel sehen
und dabei das eine oder andere Pils trinken.
Alle wollen zusammen um die Tore zittern,
sich freuen oder sich aufregen.
Dann, wenn es nicht gut läuft.

„Nein!", rufen alle völlig entsetzt.
Gerade haben die Ungarn ein zweites Tor gemacht.
„Dat darf doch nich wahr sein. Hab ich doch gesacht.
Dat kann doch nicht gut gehen." Paule regt sich auf.
„Warum spielt der Sepp denn mit Ersatz-Köppen?
Warum nimmt der nich den Boss ins Spiel?"

Alle reden durcheinander.
„Dat kann nich gut gehen!"
„Nee, tut dat weh!"
„2:0! Dat kann doch nich wahr sein.
 Sepp, mach doch wat!"
„Sepp, du Schlafmütze, kannze nich denken?"
„Der soll seinen Hut nehmen!
Herberger, geh nach Hause!"

4:0. Ungarn macht noch mehr Tore.
Paule ruft: „Immer druff auf uns Deutsche!
Ich guck da nich mehr hin.
Ich kann dat nich ertragen! Christa, mach mir´n
Korn. Is sowieso alles gelaufen."

Richard winkt Matthes zu sich an den Tisch.

„Setz dich ruhig zu mir. Verkaufst du mir eine von
deinen Zigaretten?"

„Na klar", sagt Matthes und setzt sich zu Richard.

„Sag mal", redet Richard weiter. „Du warst doch
heute in der Kirche.

Ich hab dich gesehen. Du hast eine Kerze angesteckt.
Sagst du mir, für wen?"

Matthes erzählt ehrlich: „Für den Boss hab ich
die Kerze angemacht.

Weil der Trainer ihn doch nicht spielen lässt.
Und der Boss ist so toll.

Wenn der spielt, dann können wir alles gewinnen.
Da dachte ich, ich muss was tun. Und da habe ich
die Kerze angemacht."

„Los, komm mit raus!", sagt Richard streng.
Matthes versteht nicht.

Jetzt, wo die Ungarn gegen Deutschland spielen,
da soll er rausgehen?

„Los, du kommst mit! Sofort!"

Ängstlich folgt Matthes seinem Vater.

Draußen schimpft der Vater wütend mit Matthes:
„Für irgend so`n Ball-Treter steckst du Kerzen an.
Schmeißt dein Geld zum Fenster raus.

Die Kirche für so was Albernes zu gebrauchen!
Du spinnst wohl!"

Mit voller Wucht gibt er Matthes eine Ohrfeige.
Mit aller Wucht an den Kopf.
„Und jetzt ab nach Hause! Und denk dran:
Ein deutscher Junge weint nicht!"

Matthes läuft davon.

Aus der Kneipe kommt Benno: „Was ist denn hier los?"
Aber Richard sagt nur: „Halt den Mund und geh
wieder rein!"

Matthes kriecht zu seinen Kaninchen in den Stall.
„Wisst ihr schon? Ein deutscher Junge weint nicht."
Dann versteckt er sein Gesicht im Fell von Blacky.

Der Gürtel

Leise zieht Matthes sich an.
Seinen kleinen Koffer hat er gestern schon
heimlich gepackt.
Er hält das alles nicht mehr aus.
Der Boss braucht seine Hilfe.
Und er selbst braucht den Boss.

Es ist halb vier Uhr morgens.
Matthes schleicht sich aus dem Haus und läuft
Richtung Bahnhof.
Keine Menschen-Seele ist in der Bahnhofs-Halle.
Matthes schaut auf den Fahrplan an der Wand.
Er setzt sich auf die Bank gleich neben der Tür.
Dann holt er sein Spar-Schwein
aus dem kleinen Koffer.
Mit dem Taschen-Messer holt er <u>Groschen</u> für
Groschen aus dem kleinen Schlitz. Erst um sechs
Uhr fährt der Zug nach Basel.
Matthes wartet auf der Bank. Dabei schläft er ein.

„Steh auf und komm mit!" Matthes hört es halb
im Schlaf.
Da steht sein Vater in der Bahnhofs-Halle. Richard
kommt näher. Er zieht Matthes an den Ohren.
„Von wegen Schweiz! Ab nach Hause!
Du hast eine Woche <u>Stuben-Arrest</u>!"

„Eine ganze Woche?", denkt Matthes mit Schrecken.
Da sind doch die Spiele für die Weltmeisterschaft.
Aber Matthes ist noch klein.
Nichts kann er ändern. Und er folgt seinem Vater.

Zu Hause denkt Matthes, er kann jetzt ins Bett.
Doch sein Vater ruft ihn in die Küche.
„Hosen runter!"
Matthes versteht nicht. Versteht nicht den Vater.
Versteht nicht, was passiert.
Dann sieht er, dass der Vater seinen Gürtel öffnet.
Sein Vater zieht den Leder-Gürtel aus der Hose.

„Hosen runter!", befiehlt Richard noch einmal.

Da ahnt Matthes, was gleich kommt. Der Kleine
lässt seine Hosen herunter. Auch die Unterhose.
So, wie es der Vater befohlen hat.
„Bücken!"
Richard nimmt den Gürtel und schlägt auf den
weichen, weißen Kinder-Popo.
Mit aller Wucht. Mit Zorn. Mit allem, was er hasst,
schlägt der Vater.
Mit allem, was ihn zerstört hat, will er nun selber
zerstören.
„Hör sofort auf damit! Sofort! Lass das Kind los! "
Christa steht da wie ein Baum! Wie ein Ritter!
Eine Furie! Eine Kämpferin!

„Das ist zu viel! Es reicht jetzt Richard!
Jetzt ist es genug! Schluss! Aus!"
Matthes ist schnell aus dem Zimmer gelaufen.
Christa hat Augen wie Kanonen-Feuer.

„Was glaubst du eigentlich, Richard, wer du bist?
Du kommst aus Krieg und Gefangenschaft.
Das war schlimm. Das war hart.
Aber uns gibt es auch.
Und auch ich, ich habe auch gekämpft in diesen
elf Jahren.
Glaubst du denn, das ist einfach gewesen?
Alleine mit drei Kindern, kein Mann, kein Geld.
Nichts zu essen. Keine Arbeit. Nur Krieg, Bomben,
Trümmer.
Überleben, überleben! Das mussten wir auch.
Und alle haben mitgeholfen. Wir alle zusammen.
Ingrid beim Bedienen. Benno mit dem Geld von der
Band.
Und selbst der Kleine hat mit den Zigaretten zum
Unterhalt beigetragen.
Wir haben alle gekämpft. Nicht nur du an der Front.
Wir waren glücklich in unserer kleinen Familie.
Und dann bist du gekommen. Hast alles schlecht
geredet.
Die Kinder sind verstört. Der Kleine läuft weg.
Wegen dir, Richard, wegen dir.
Es geht nur noch um dich, um dich, um dich!

Um dich und deine Launen!
Nicht ein Wort der Anerkennung hast du gehabt.
Nicht für die Kinder, nicht für mich!
Du sagst, die Kinder haben keine Disziplin.
Nein, Richard!
Wer am wenigsten Disziplin von uns allen hat,
das bist du!

Richard sieht Christa in ihrer Wut.
Er fühlt ihren Zorn, ihre Enttäuschung, ihre Not,
aber auch ihre Liebe.
Und er spürt, dass sie alles damit noch retten will.

Er schämt sich.

Der Reporter

Paul Ackermann ist Sport-Reporter.
Frisch verheiratet.
Mit seiner Frau Annette Ackermann.
Beide sind in die Schweiz gefahren.
Sie wohnen in dem Hotel, wo auch die deutsche
National-Mannschaft wohnt.

Eigentlich wollten sie ihre Hochzeits-Reise machen.
Nach Marokko.
Das war jedenfalls Annettes Traum.
Aber dann hat der Chef zu Ackermann gesagt:
„Sie sind unser Mann!"
„Unser Mann für was?", hat Ackermann
zurückgefragt.
„Für die Berichte über die Weltmeisterschaft."
„Ich, ich soll in die Schweiz?"
„Ja, Ackermann. Das ist eine einmalige berufliche
Chance für Sie."

Also ging es nicht auf Hochzeits-Reise.
Erst war Annette enttäuscht.
Aber dann hat sie beschlossen: „Ich fahre mit!"

Fast jeden Tag sitzen die Ackermanns im Stadion:
17. Juni: Das erste Spiel der Deutschen bei der WM.
Deutschland gegen die Türkei.

20. Juni: Deutschland gegen Ungarn.
23. Juni: Wieder Deutschland gegen die Türkei.

Es ist der 20. Juni 1954. Gerade wird das Spiel
abgepfiffen.
Ein Drama für Deutschland! 3:8 gegen Ungarn!
Paul Ackermann ist am Boden zerstört.
So wie die Gäste in Christas „Eck".
So wie alle zu Hause in Deutschland.
Das ist das Ende. Das kann nicht gut gehen.

„Wie kann der Herberger die Mannschaft nur so
blöd aufstellen?", fragt Paul Ackermann verzweifelt.
„Die Ungarn haben doch noch nie verloren.
Das weiß der Sepp doch. Und was macht der?
Lässt nur die Ersatz-Spieler spielen. Das war doch
klar, dass dann die Ungarn gewinnen.
8:3. Eine Schande ist das.
Verstehst du das, Annette?"

„Natürlich, mein Schatzi", sagt Annette.
So als wäre sie die Sport-Reporterin.
„Der Herberger ist ein kluger Kopf.
Der will doch nur seine Spieler schonen.
Beim ersten Spiel hat Deutschland
die Türkei geschlagen, 4:1.
Der Herberger weiß natürlich, dass die Ungarn
stark sind.

Und dann hat er sich ausgerechnet:
Wenn die Ungarn gewinnen, müssen wir noch mal
gegen die Türkei spielen.
Das Spiel ist dem Herberger viel wichtiger.
Jetzt haben die Ungarn zwar gewonnen.
Aber unsere besten Spieler sind noch frisch.
Und in drei Tagen schlagen wir die Türkei.
Dann kommen wir ins Viertel-Finale."

Paul guckt seine Annette an.
So kennt er seine Frau noch gar nicht.

Vier Tage später schreibt Paul Ackermann
in der Zeitung: „Ein tolles Spiel!
Deutschland hat gewonnen! 7:2 gegen die Türkei.
Ein Wahnsinn! Deutschland ist in der nächsten
Runde. Deutschland ist im Viertel-Finale!"

In Christas Kneipe war die Hölle los.

„Hab ich dat nich gesagt, dat wir weiterkommen!
Pils für alle!", ruft Paule. Noch viel lauter als sonst.

Der Geburtstag

Matthes sitzt oben in seinem Zimmer.
Das Viertel-Finale müsste jetzt laufen.
Deutschland gegen Jugoslawien.
Und er sitzt hier und kann nicht zugucken.
Stuben-Arrest.
Eine Woche abgeschlossen vom Rest der Welt.
Ob der Boss wohl diesmal mitspielen darf?

Plötzlich kommt Benno ins Zimmer und spottet:
„Na, Kleiner, wie gefällt dir die Gefangenschaft?
Sich rumtreiben an Bahnhöfen, darauf steht
lebenslange Haft.
Und Fußball-Verbot! Wegen Sabotage am Feind!
Nix da, mit Karola Fußball gucken!
Verdursten und verhungern musst du jetzt!"

Dann lacht Bruno, und Matthes hört plötzlich einen
Fußball-Reporter.
Matthes dreht sich zu Benno um.

„Hier, das habe ich dir mitgebracht."
Bruno stellt ein Koffer-Radio neben Matthes auf
den Tisch.
Matthes ist überglücklich.
„Wenn der Alte dich noch mal schlägt, dann schlage
ich zurück."

Matthes schaut Benno dankbar an.
Dann lauschen beide dem Sport-Reporter:
„Rahn läuft, holt sich den Ball, läuft von rechts
außen in Richtung Tor.
Rahn spielt im Sturm. Herberger hat ihn endlich
doch eingesetzt."
Matthes jubelt. „Der Boss spielt mit! Er spielt!
Er spielt! Er spielt!"

„Essen kommen!" Ingrid steht plötzlich in der Tür.
„Jetzt?", fragen beide wie aus einem Mund. „Jetzt ist
doch das Viertel-Finale."
„Kommt lieber runter. Jetzt sofort. Papa hat was zu
essen gemacht."

Ein Fest-Essen gibt es heute. Denn Christa hat
Geburtstag.
Richard hat als Überraschung ein Essen gezaubert:
zartes Fleisch in dicker Soße, Gemüse, Kartoffeln.
So was gibt es nicht alle Tage.

„Richard, das Essen war köstlich", Christa schaut ihn
glücklich an.
„Ja, Papa, das war richtig lecker", bestätigt Ingrid.
Und selbst Benno sagt: „War genießbar."
„Kann ich noch was von dem Fleisch haben?"
Für einen Augenblick hat Matthes das Viertel-Finale
vergessen.

Er kann einfach nicht aufhören zu essen.
So lecker ist das!

Plötzlich wird Richard ganz feierlich.
„Mama hat heute Geburtstag. Aber weil ich so
lange weg war, soll nicht nur Mama ein Geschenk
bekommen.
Ich habe für jeden von euch eine kleine
Überraschung."
Alle sehen Richard an. Damit hat keiner gerechnet.
Dass Richard auch an die Kinder denkt.

„Hier Ingrid, das ist für dich."
Ingrid packt das kleine, weiche Päckchen aus.
„Oh, Papa, wie schön.
Was für ein schönes Hals-Tuch. Danke, Papa!"
„Das ist für dich, Benno."
Richard gibt ihm ein noch kleineres Päckchen.
„Ist zwar nicht von den Kommunisten
aus deinem geliebten Ost-Berlin,
aber dafür funktioniert es wenigstens."
Benno packt ein Feuer-Zeug aus.
Er freut sich wirklich darüber, aber es kommt nur
ein kurzes „Danke" über seine Lippen.
„Und das hier, das ist für dich, Matthes."
Während er spricht, schaut er liebevoll kurz zu
Christa rüber.

Matthes glaubt seinen Augen nicht zu trauen.
Ein Fußball!
Ein echter, richtig echter Fußball aus Leder!
Matthes wird rot vor Freude. Kein Wort bekommt
er raus.
Er schnappt sich den Ball und rennt damit nach
draußen. Den müssen alle sehen.
Alle seine Freunde, die so gerne mit ihm Fußball
spielen. Seitdem er der Verteidiger ist. Alle müssen
den Ball sehen. Karola, die wird Augen machen.
Und erst recht die Kaninchen.

„Atze! Blacky!", ruft er schon von Weitem.
„Seht mal, was ich hier ..."
Dann verschlägt es ihm die Sprache.
Wie angewurzelt steht Matthes vor dem Stall.
Die Türen sind offen. Der Stall ist leer.
„Atze? Blacky?"
Matthes sucht umher. Den Ball ganz fest in die
Hände gepresst.

Im Nachbar-Garten gräbt Herr Taboski in der Erde.
„Guten Tag, Herr Taboski", ruft Matthes zu ihm
hinüber.
„Haben Sie vielleicht meine beiden Kaninchen
gesehen?"
Taboski schüttelt den Kopf.
„Nee, Junge, hab ich nicht."

Dann denkt er kurz nach und fragt mit einem bösen
Grinsen im Gesicht:
„Aber hat deine Mutter nicht heute Geburtstag?"
Matthes versteht nicht,
was der Taboski damit meint.

Matthes geht zum Haus zurück.
An den Müll-Tonnen vorbei.
Vielleicht weiß ja Mama, wo Atze und Blacky
geblieben sind.
Aber was ist das? Matthes bleibt stehen. Lauscht.
Was ist das für ein Geräusch in der Abfall-Tonne?
Wie Fliegen-Gesumme.
Wie ein Gesumme von Hunderten von Fliegen.
Vorsichtig hebt Matthes den Deckel an.

Fliegen. Schwarze, dicke Fliegen krabbeln über Blut
und Därme.
Über Pfoten und Fell. Über Augen und Ohren.
Fliegen kleben an den kleinen Köpfen.
An den Köpfen von Atze und Blacky.

In der Küche hören sie den Schrei.
Den schrecklichen Schrei eines Kindes.
Den Schrei von Matthes um Leben und Tod.
Mutter und Ingrid springen sofort auf.

Benno sieht seinen Vater an.

Mit Blicken, die fast töten könnten,
sagt er zu Richard:
„Ich dachte, du hättest die Kaninchen
auf dem Markt gekauft."
„Von welchem Geld denn?", fragt Richard.
„Du hast kein Herz mehr", schreit Benno seinen
Vater an.
„Was ihr gelernt habt, ist Ordnung, Disziplin und
Gehorsam über alles.
Das ist euch wichtig. Sonst nichts."

„Seit wann bin ich ´euch` für dich.
Was willst du damit sagen?"

Benno sieht seinem Vater zornig in die Augen.
All seine Wut gegen die Nazis richtet sich jetzt
gegen Richard.
So schleudert er ihm den Nazi-Spruch entgegen:
„Du bist nichts. Das Volk ist alles."
Richard holt aus und schlägt Benno mit voller
Wucht ins Gesicht.
„Schlag mich nicht noch einmal", warnt Benno
mit drohender Stimme.
Doch Richard hebt seinen Arm, und er schlägt noch
einmal. Mitten in das entsetzte Gesicht.

Draußen hat Matthes den Fußball
auf die Erde geworfen.

Weg hier! Nur weg!
Matthes rennt um sein Leben.
Schneller! Immer schneller!
Nur weg von hier! Weg von Papa!

Matthes rennt an den Häusern vorbei,
vorbei an den alten Fabriken.
Er rennt. Ohne Luft. Ohne Atem.
Sein Puls schlägt im Kopf.
Atze! Blacky!
Matthes stolpert. Er muss kotzen.
Kotzen, würgen und weinen zugleich.
Matthes übergibt sich.
Nie wieder wird er nach Hause gehen!

Am Fluss

Christa läuft an den Häusern vorbei,
vorbei an den alten Fabriken.
Sie weiß, wo sie Matthes finden kann.
Wenn der Kleine nicht mehr weiter weiß,
geht er immer runter zum Fluss.
Zu dem alten Industrie-Hafen.
Schon ein paar Mal hat sie ihn dort wiedergefunden
und getröstet.
Christa hofft, dass der Kleine auch dieses Mal
dort ist. Da sitzt Matthes neben einem rostigen
Kahn. Und starrt in das braune Wasser.

„Matthes", ruft seine Mutter leise, damit er sich
nicht erschrickt.
Dann setzt sie sich zu ihm auf den Steg.

„Hier ist dein Ball, Matthes."
„Den Ball will ich nicht mehr!"
„Bei Möllers sind neue Kaninchen geboren.
Die sind ganz süß.
Ein schwarzes und ein weißes. Die beiden kann ich
für dich kaufen."
„Ich will nie, nie wieder Kaninchen haben!"
Matthes ist fest entschlossen.
Dann fragt er: „Mama, war Papa früher auch
schon so?"

„Was meinst du, Matthes?
„So gemein. War Papa immer schon so gemein?"
Christa überlegt eine Weile. Dann sagt sie:
„Denk mal daran, wie weh dir das getan hat.
Das mit Atze und Blacky.
Das hat dir ganz furchtbar wehgetan. Und jetzt stell
dir vor, es tut jeden Tag so weh.
Elf Jahre lang jeden Tag! So war das für Papa.
Elf Jahre lang."

„Da kann ich doch nichts für", sagt Matthes trotzig.
„Und Papa auch nicht", sagt Christa.
Dann fährt sie fort: „Wir können alle etwas tun,
damit es besser wird mit Papa. Wir alle.
Denn dein Papa ist auch ein ganz Großer. Eigentlich.
Wir brauchen nur Geduld."

Matthes schaut noch einmal in das dunkle Wasser.
Dann nimmt Christa ihn an die Hand.
Gemeinsam gehen sie nach Hause.
Matthes trägt den Ball im Arm.

Presse-Konferenz

Viele Reporter sind zur Presse-Konferenz gekommen. Auch Paul Ackermann mit seiner Frau Annette. Der Trainer der deutschen National-Mannschaft steht Rede und Antwort.

Einer der Reporter steht auf:
„Herr Herberger, morgen ist das Halb-Finale.
Deutschland wird gegen Österreich spielen.
Das letzte Spiel war im Viertel-Finale gegen Jugoslawien vor drei Tagen. Das war nicht unbedingt eine Glanz-Leistung.
Auch wenn wir 2:0 gewonnen haben.
Wenn Toni Turek nicht so stark im Tor gewesen wäre, dann hätte das leicht daneben gehen können.
Hatten Sie bisher wirklich eine glückliche Hand?"

Herberger grinst: „Deutschland ist im Halb-Finale.
Warum fragen Sie nach einer glücklichen Hand?"

Paul Ackermann steht auf.
„Herr Herberger, im Spiel gegen Ungarn waren nur Reserve-Spieler eingesetzt.
3:8 hat Deutschland verloren. Wollen Sie das auch im Spiel gegen Österreich so machen?"
Herberger antwortet: „Alle meine Jungs sind hervorragende Spieler.

Ich verstecke keinen von ihnen.
Und bis jetzt läuft es doch wunderbar, oder?"

Ein weiterer Reporter: „Herr Herberger. Wenn
Deutschland morgen nicht gegen Österreich
gewinnt, fliegt Deutschland raus aus der
Weltmeisterschaft. Ist das nicht eine Zitter-Partie
für Sie?"

In aller Ruhe antwortet Sepp Herberger.
„Für mich zählt nur eins: Der Ball ist rund,
und ein Spiel dauert 90 Minuten."

„Herr Herberger", fragt Annette Ackermann,
„werden Sie die Österreicher besiegen?"

Herberger lacht nur und sagt:
„Wissen Sie, nach dem Spiel ist vor dem Spiel.
Und erst am Ende weiß man, wie es ausgeht."

Die Reporter haben es nicht leicht mit Sepp
Herberger. Aber viele bewundern seine Ruhe.
Für Deutschland hängt so viel von dem Spiel
morgen ab.
Alle zittern. Sepp Herberger nicht!

Ost-Berlin

Matthes wird von einem Rascheln wach.
Im Dunkeln sieht er Benno.
„Benno, was machst du da?", fragt er.
„Ich packe."
„Warum denn? Willst du weg?", fragt Matthes
ängstlich.
Benno setzt sich zu ihm auf das Bett.
„Ja, Kleiner. Ich muss hier raus. Mit mir und Papa,
das klappt nicht. Und ich muss auch mal was
Sinnvolles tun. Ich muss mal ganz weg von hier.
Ich geh nach Berlin. Nach Ost-Berlin. Da sind alle
gleich. Da gibt es keine Armen und Reichen,
keine Arbeitslosigkeit.
Die können da bestimmt noch einen guten
Musiker gebrauchen."

„Ich will nicht, dass du weggehst",
sagt Matthes traurig.
„Kleiner, du bist jetzt hier der wichtigste Mann.
Ich verlass mich auf dich. Sei nicht traurig.
Ihr könnt mich doch später mal besuchen."

Benno drückt Matthes einen Umschlag
in die Hand.
„Hier, Kleiner, den Brief gibst du Mama und Papa.

Aber lass mir einen Vorsprung von einer Woche.
Keine Sorge. Es steht nichts Schlimmes drin.
Versprichst du mir,
dass du eine Woche lang wartest?"

Matthes nickt. Benno sieht seine traurigen Augen.
Er nimmt seinen Bruder fest in die Arme
und gibt ihm einen Kuss auf die Stirn.
„Mach´s gut, Kleiner."

Der Pfarrer

Nur ein Ort ist für Richard noch eine Zuflucht.
Die Kirche, in der er schon als kleiner Junge
gebetet hat.
Die Kirche ist dunkel. Vorne am Altar räumt der
Pfarrer auf. Als er Richard sieht, geht er zu ihm hin.

„Herr Pfarrer, haben Sie einen Augenblick Zeit?"
Der Pfarrer nickt und setzt sich Richard gegenüber.

„Guten Abend, Herr Lubanski.
Schön, Sie hier zu sehen.
War das nicht ein tolles Fußball-Spiel?
2:0 gegen Jugoslawien.
Jetzt sind wir endlich im Halb-Finale. Und Helmut
Rahn hat ein Tor geschossen!
Ein Junge aus unserer Gemeinde. Da können wir uns
alle drüber freuen."

„Herr Pfarrer, ich möchte nicht über Fußball
mit Ihnen reden", unterbricht ihn Richard.
„Ich brauche Ihre Hilfe."

Richard ist nicht der Einzige, der seine Hilfe
braucht.
So viele Männer kommen nicht mehr klar,
seitdem sie wieder zurückgekommen sind.

Nach Krieg und Gefangenschaft sind sie verstört und hart.
Verbittert und hilflos zugleich. Zurückgekommen sind sie zwar.
Aber viele Jahre zu spät. Das Leben ging bei uns ja weiter, bei uns im Pott.
Aber ohne sie.

Erst der Krieg mit den Luft-Angriffen und Bomben, die alles zerstörten.
Nach Kriegs-Ende wurden die Trümmer beiseite geschafft.
Kinder und Frauen haben Steine aufgesammelt.
Drei Pfennig gab es für jeden sauberen Ziegel-Stein, drei D-Mark für 100 saubere Steine.
Alles wurde aus den Trümmern gesucht.
Denn jeder Stein, jeder Draht, jedes Holz war kostbar.
Nach und nach wurde wieder neu aufgebaut.
Milch-Läden, Bäcker und Kneipen gab es wieder.
So wie Christas „Eck".
Viel gab es nicht zu kaufen. Aber es gab überhaupt etwas zu kaufen.
Gemüse und Kartoffeln kamen aus dem Garten.
Man musste nicht mehr hungern. Man fand Arbeit in der Zeche oder im Stahl-Werk.
Mit Kohle und Stahl ging es mit dem Ruhr-Pott aufwärts.

Und endlich hatte man wieder Geld für ein Bier.
Und Rot-Weiß spielte wieder auf dem Fußball-
Platz. Die Welt war wieder ein bisschen in Ordnung.

„Ich komme hier nicht mehr zurecht, Herr Pfarrer.
Alles hat sich so verändert. Und Benno ist jetzt auch
noch weg.
Ich will meine Familie wieder lieben können.
Aber ich spüre keinen Funken, keine Wärme.
Ich will meine Familie nicht verlieren.
Helfen Sie, Herr Pfarrer. Helfen Sie mir, bitte!"

„Ja, Herr Lubanski, ich werde Ihnen helfen.
Sie müssen über alles reden. Über alles, was Sie im
Krieg und in der Gefangenschaft erlebt haben.
Sie müssen sich die schlimmen Sachen von der
Seele reden.

Die meisten, die zurückkommen, tun das nicht.
Sie schweigen.
Sie verschweigen und verdrängen die ganzen
Erlebnisse.

Für Ihre Familie wollen Sie stark sein, Herr Lubanski.
Aber Sie sind hilflos. Über Jahre haben Sie Leid
ertragen.
Das hat Sie sehr hart gemacht. So hart, dass Sie
Liebe und Vertrauen verloren haben.

Lassen Sie uns über alles reden.
Von mir aus auch im Beicht-Stuhl.
Und reden Sie auch mit Ihrer Familie über all das.
Dann werden Ihre Frau und Ihre Kinder Sie besser
verstehen."

Dankbar nimmt Richard das Angebot vom Pfarrer an.
An zwei Tagen in der Woche geht er zu den
Gesprächen.

Eines Tages ist Richard auf dem Weg vom
Pfarr-Haus zu sich nach Hause.
Da liegt vor seinen Füßen der alte Ball aus
Stoff-Fetzen.
Nass und schmutzig wurde er auf der Wiese
vergessen.
Denn Matthes und die Kinder spielen nur noch mit
dem Leder-Ball.

Richard zögert einen Augenblick.
Dann tippt er den Stoff-Ball mit dem rechten Fuß an.
Jetzt mit dem linken. Rechts, links, rechts, links.
Richard kickt den Ball von einem Fuß auf den
anderen.
Erst langsam, dann schneller, kräftiger, immer
höher. Noch höher.
Richard sieht den Ball weit oben über sich.
Jetzt kann er es wagen.

Jetzt ist der Ball hoch genug, um den Schuss zu planen.

Richard fixiert den Ball, lässt sich nach hinten fallen,
fängt gekonnt mit dem Fuß den Ball aus der Luft.
Und schießt ihn im Fall kraftvoll hinter sich.
Richard liegt am Boden und dreht gespannt den Kopf nach hinten.
Tor! Der Ball ist sauber im Tor gelandet.
Er kann es also doch noch.

Fall-Rückzieher waren immer Richards Stärke.
Früher, als er noch Fußball spielte.
Ein Lächeln zieht über Richards Gesicht.
Wieso denn früher?
Gleich kann er doch mal mit den Kindern spielen.
Mit Mischa und Bubi, mit Karola und Rainer.
Und mit Matthes.
Mit Matthes, dem Verteidiger. Mit Matthes, seinem Kleinen.
Dem wird er seine Fall-Rückzieher zeigen.

Der Russe

Es ist Sonntag. Richard und Matthes schälen
zusammen Kartoffeln.
Christa macht den Abwasch. Ingrid bügelt.
Im Radio läuft das Halb-Finale. Deutschland spielt
gegen Österreich.

„Heute, heute am 30. Juni 1954, da wird es sich
entscheiden. Wird Deutschland es ins Finale
schaffen? Beide Mannschaften haben in der ersten
Halb-Zeit noch nicht mit vollem Einsatz gespielt.
Aber Schäfer hat für Deutschland ein Tor gemacht.
1:0 steht es also jetzt zum Beginn der zweiten
Halb-Zeit."

Matthes guckt seinen Vater an. „Du, Papa, habt ihr
denn in Russland gar nichts zu essen bekommen?"
Richard muss erst schlucken, bevor er antwortet:
„Es gab ja nix, Matthes. Die Russen hatten selber
auch nichts zu essen.
Wir haben ja im Krieg alles platt gemacht bei ihnen.
Die Felder, die Dörfer, die Häuser. Die Russen hatten
Hunger und wir auch.
Ich konnte mit meinen Fingern
meinen Oberschenkel ganz umfassen.
So dünn war ich geworden."
Alle sehen erschrocken zu Richard.

Aus dem Radio spricht der Sport-Reporter:
„Fritz und Ottmar Walter, die beiden Fußball-
Brüder, sie bringen Tempo ins Spiel.
Aber auch die Österreicher sind wacher geworden.
Schon wieder wird auf das deutsche Tor geschossen.
Ein kraftvoller Ball, ein gefährlicher Ball.
Aber Turek hält. Unser Toni Turek lässt einfach
keinen Ball ins Tor.
Jetzt drängen die Deutschen schneller nach vorne.
Eck-Stoß! Eck-Stoß von Fritz Walter.
Eine wunderbare Vorlage. Morlock kommt, Morlock
schießt den Ball.
Tooor! Tooor! Zwei zu null für Deutschland.
Danke Fritz! Danke, Max! Danke an alle unsere..."

Matthes steht auf und schaltet das Radio ab.
Papa ist jetzt wichtiger als Fußball.

„Viele von uns sind einfach verhungert",
erzählt Richard weiter.
„Morgens hast du gefühlt, ob dein Kamerad neben
dir noch warm ist.
Oder ob er schon tot ist. Vielleicht konnte man ja
seine Stiefel noch gebrauchen.

Wer krank war, wurde nach Hause geschickt.
Oder er wurde wenigstens nicht mehr zu der harten
Arbeit eingeteilt.

Viele Männer haben deshalb versucht,
sich selbst krank zu machen.
Salz-Wasser haben sie getrunken. Aber dadurch
sind sie jämmerlich verreckt.
Bei lebendigem Leibe sind sie verdurstet.

Ich musste im Tagebau arbeiten. Die Kohle haben
wir in einem riesigen Erd-Trichter abgeschlagen.
Nicht wie bei uns, unter der Erde.
Im Winter war es eiskalt. Unter 60 Grad manchmal.
Viele von uns haben das nicht durchgehalten."

„Hast du denn manchmal auch an uns gedacht?",
fragt Matthes leise.
„Ich habe nicht mehr an Zuhause geglaubt.
Ich habe nur die Winter gezählt und ans Essen
gedacht.
In der Kriegs-Gefangenschaft haben uns die Russen
ab und zu was zugesteckt.
Durch den Zaun hindurch. Ein Stück Brot, ein Stück
Wurst. Die wollten uns helfen. Wir konnten das
kaum glauben.
Wir Deutschen hatten ja so viel Unheil über ihr Land
gebracht. Krieg, Hunger, Elend.

Auf dem Rück-Marsch von Sibirien hat mich ein
Russe zu sich nach Hause mitgenommen. Er gab mir
zu essen und zu trinken. Und nachts ein warmes Bett.

Als wir abends zusammen am Tisch saßen, nahm er
ein Bild von der Wand.
Über dem Rahmen hing ein schmales, schwarzes
Band. Der Russe sagte mit Tränen in den Augen:
‚Das ist mein Sohn. 18 Jahre.
Er wurde von einem Deutschen erschossen.‘
Da musste ich an unseren Benno denken.“

Alle sehen Richard an.

„Benno fehlt mir“, sagt Richard.
„Ich habe alles falsch gemacht.
Ich kenn mich hier nicht mehr aus.
Alles ist so anders geworden.
Und jetzt ist auch noch der Benno weg.“

Christa geht zu Richard hinüber.
Sie legt ihre Hände auf seine Schultern.
„Benno musste dich so lange ersetzen.
Und als du zurückgekommen bist,
da konnte er nicht mehr zurück in die Kinder-Rolle.
Der Benno weiß schon, was er tut. Der ist alt genug.
Aber hier sind noch drei andere.
Und die brauchen dich, Richard.“

Richard schaut zu Matthes, zu Ingrid, zu Christa.
Und zum ersten Mal seit langer Zeit
fühlt er sich geborgen.

Der Regen

Paul und Annette Ackermann sind wieder auf einer
Presse-Konferenz.
Noch viel mehr Reporter sind gekommen.
Denn bald geht es ums Ganze:Das Finale,
das End-Spiel der Fußball-Weltmeisterschaft.
Und Deutschland ist diesmal mit dabei!

Was für ein Erfolg im Halb-Finale!
6:1 wurde Österreich geschlagen.
Was für eine Freude nach dem Elf-Meter
von Fritz Walter.
Tooor! Tooor!
3:1 stand es damit gegen Österreich.Dann ging es
weiter. Keine Chance für die Österreicher.
Fritz und Ottmar Walter haben noch mehr Tore
gemacht.
Tooor! Tooor! Tooor!
4:1 für Deutschland.
5:1.
6:1!
Deutschland ist im Freuden-Taumel.
Was für eine Erfolgs-Geschichte!

Und nun sitzt Sepp Herberger vor den Reportern.
Es ist der 2. Juli 1954.
In zwei Tagen wird das Finale sein.

Deutschland muss wieder gegen Ungarn spielen.
„Herr Herberger, vor zwei Tagen hatten Sie einen
sensationellen Erfolg gegen Österreich. Und damit
ist Deutschland im Finale. Herzlichen Glückwunsch!
Was aber ist das Geheimnis Ihres Erfolgs?"

Herberger antwortet: „Der Kopf ist der Erfolg.
Der Denker und Lenker, Fritz Walter.
Der Mannschafts-Kapitän."

Paul Ackermann stellt die nächste Frage.
„Herr Herberger, Deutschland muss gegen Ungarn
antreten. Wenn Sie gewinnen, wäre Deutschland
zum ersten Mal Fußball-Weltmeister.
Könnte das wahr werden?"

Sepp Herberger lächelt.
„Das hängt vom Wetter ab.
Wenn am Sonntag die Sonne scheint, gewinnen
die Ungarn. Aber wenn es regnet, dann haben wir
Fritz-Walter-Wetter.
Dann wird der Boden schwer von Regen und Matsch.
Da spielen Fritz Walter und die Jungs am besten.
Dann haben wir eine Chance."

„Eine letzte Frage, bitte noch", ruft ein anderer
Reporter. „Herr Herberger, können Sie uns Ihre
Strategie verraten?"

Da lacht Sepp Herberger und sagt:
„Der Ball ist rund und muss in das Eckige."

Abends liegt Annette Ackermann neben Paul im
Bett. „Schon wieder gegen diese Ungarn",
sagt Paul besorgt.
„Hoffentlich verlieren wir das nicht."

„Wie kannst du nur so was denken, Schatz?
Natürlich gewinnen wir gegen Ungarn.
Lass uns wetten: Wenn wir einmal Kinder
bekommen und Deutschland gewinnt,
dann darf ich die Namen aussuchen."

„Und wenn Deutschland verliert", sagt Paul,
„dann suche ich die Namen aus.
Abgemacht!"

Das Auto

„Wach auf Matthes!", sagt der Vater. „Matthes,
wach auf und zieh dich an!"
Matthes versteht gar nichts. Es muss noch mitten
in der Nacht sein.
Jetzt aufstehen? Und warum soll er sich jetzt
anziehen?
„Was? Wieso?", fragt er mit müden Augen.
„Wir machen einen Ausflug."

Das versteht Matthes noch weniger.
Papa will mitten in der Nacht einen Ausflug
machen?
Aber Matthes gehorcht. Wie betrunken vom Schlaf
torkelt er durch das Zimmer.
Er schlüpft in seine Hosen, sucht seine Socken.
Am liebsten würde er im Stehen schlafen.
Mit seinem Vater zusammen geht er nach draußen.

„Steig ein!", sagt Richard.
Ein Auto! Wieso steht da ein Auto?
Sie haben doch nie ein Auto gehabt.
Keiner aus Christas „Eck" hat ein eigenes Auto.
Berg-Leute können sich kein Auto leisten.
Und wieso hat Papa einen Schlüssel für dieses Auto?

„Papa, was ist denn das für ein Auto?"

„Ich hab es mir vom Pfarrer geliehen."
„Schön", sagt Matthes und schläft fast ein.

Nachdem sie eine ganze Weile gefahren sind,
fragt Matthes:
„Wohin fahren wir eigentlich, Papa?"

„Zum End-Spiel nach Bern", sagt Richard.
„Zum End-Spiel? Zur Fußball-Weltmeisterschaft?
Nach Bern in die Schweiz?"
Wie vom Schlag getroffen ist Matthes plötzlich
hellwach.
„Aber, Papa, wieso?"
„Hast du nicht selbst gesagt, der Boss gewinnt kein
wichtiges Spiel ohne dich?"

Matthes ist sprachlos. Sprachlos vor Glück.
Das ist sein Vater! Der Große! Sein Held!
Das ist sein Papa!

Lampen-Fieber

Heute ist der 4. Juli 1954.

In Unterhose springt Helmut Rahn aus dem
Hotel-Bett. Hinaus auf den Balkon.
Rahn schaut zum Himmel.
Strahlender Sonnen-Schein! Blauer Himmel!
Über, unter und neben ihm stehen die Spieler
auf ihren Balkons.
Und alle denken das Gleiche. Was hatte der Sepp
noch gesagt:
„Wenn die Sonne scheint, gewinnen die Ungarn."

Das Hotel der Spieler ist außerhalb von Bern.
Direkt an einem See.
Mit dem Bus soll es nun zum Stadion gehen.
Die Spieler treffen sich vor dem Hotel.
Alle tragen Anzug und Hut. Schick sehen die Spieler
unserer National-Mannschaft aus.

Alle freuen sich, dass sie im Finale sind.
Aber jeder von ihnen hat großen Respekt
vor den Ungarn.
Alle haben heute Lampen-Fieber.

Ganz Deutschland sitzt gleich vor dem Radio.
Oder in den Kneipen vor den Fernseh-Geräten.

Ganz Deutschland wird gleich zittern.
Die Daumen drücken.
Jeden Schritt von den Spielern mit den Augen
verfolgen.
Ganz Deutschland wird bitten und beten zugleich.
Lasst sie gewinnen! Unsere Jungs in der Schweiz.
Bitten und beten. Dass Deutschland wieder dazu
gehört. Nach dem Krieg und allem.

Alle Spieler wissen: Heute geht es nicht
nur um Fußball.
Es geht um die Anerkennung für ein ganzes Land.

Selbst der Boss ist nervös.
Er guckt auf den See und wartet auf die anderen.
Plitsch. Platsch.
Der Boss sieht Ringe auf dem Wasser.
Ringe, die sich um die Tropfen bilden.
Plitsch. Platsch.
„Es regnet!", ruft Morlock.
„Es regnet!", ruft Metzner.
„Es regnet!", rufen alle zusammen.
„Fritz-Walter-Wetter!", jubelt der Boss.

„Ab in den Bus!", ruft Herberger streng.
Doch auch er kann ein Lächeln nicht verbergen.

Die Vergebung

Das Auto vom Pfarrer hört sich gar nicht mehr gut
an. Der Motor stottert.
Richard und Matthes kommen nur langsam voran.

„Ich glaube, der fährt nur noch auf zwei <u>Pötten</u>."
Richard dreht das Radio lauter.
„Hör mal Matthes, die National-Hymne.
Jetzt stehen die Spieler von beiden Mannschaften
im Stadion."

Anpfiff! Das Spiel beginnt.

Richard hofft.
„Vielleicht schaffen wir es ja noch bis zur Halb-Zeit."
Matthes schaut nervös auf den Tacho.
„Bitte lass uns ankommen, lieber Gott!"

Auch in Christas „Eck" verfolgen sie das Spiel.
Sechs Minuten nach dem Anpfiff
greifen die Ungarn an.
Der Ungar Kocsis schießt auf das Tor.
Mit voller Wucht.
Abgeprallt! Alle atmen auf.
Aber jetzt kommt Puskás. Puskás schießt. Tooor!
Ein Tor für die Ungarn.
Jetzt schon, in der sechsten Minute.

Und da? Czibor, der Ungar, nimmt den Ball,
läuft und schießt.
Tooor! Zwei zu null für Ungarn.
Das kann doch nicht wahr sein!

Herberger macht ein Sorgen-Gesicht.

Matthes guckt seinen Vater erschrocken an.
Paule ruft in Christas „Eck": „Wir haben den Krieg
verloren.
Und jetzt verlieren wir auch noch dat Endspiel."
Auch der Pfarrer ist ins „Eck" gekommen.
Aber selbst er findet keine Worte zum Trösten.

Paul und Annette Ackermann sinken auf ihren
Sitzen im Stadion zusammen.
„Dann suche ich wohl den Namen für unser Kind
aus", sagt Paul enttäuscht.
„Wird es ein Junge, heißt er Rüdiger.
Wird es ein Mädchen, heißt es Roswitha."

Entsetzt guckt Annette in Pauls Gesicht.
„Roswitha? Meine Tochter soll Roswitha heißen?
Nie im Leben!"
Dann springt sie auf,
schwingt die Deutschland-Fahne und ruft so laut
sie kann: „Deutschland vor! Deutschland vor!"
Erst ruft nur einer mit, dann vier, dann 100.

Und auf einmal schallt es im ganzen Stadion:
„Deutschland vor! Deutschland vor!"

Matthes und Richard hören es im Radio.
„Papa, die verlieren doch nicht?", fragt Matthes
ängstlich seinen Vater.
„Der Boss muss doch noch ein Tor schießen."

„Du, Matthes, es gibt da einen Trick. Wenn wir im
Krieg ganz großen Hunger hatten, haben wir die
Augen zu gemacht. Dann haben wir uns ein ganz
leckeres Essen vorgestellt. Braten und Hühnchen
und so.
Das hat geklappt. Wenigstens für eine Weile
hatten wir nicht mehr so großen Hunger. In deiner
Vorstellung kannst du alles erreichen.
Du musst nur deine Augen ganz fest zu machen
und dir vorstellen: Der Boss schießt ein Tor.
Versuch's mal!"

Matthes schließt die Augen und denkt mit aller
Kraft an den Boss.
Richard gibt Gas, so gut es noch geht.
Hoffentlich hält der Wagen durch!
Weit ist es nicht mehr bis Bern.

„Tooor! Tooor!", schreit es aus dem Radio.
Matthes reißt die Augen auf.

„Tor für Deutschland!
Max Morlock hat ein Tor geschossen.
In der elften Minute! Das gibt unserer Elf wieder
Mut und Selbst-Vertrauen!
Deutschland kann wieder hoffen!"

Schnell macht Matthes die Augen wieder zu.

„Eck-Ball von Fritz Walter", ruft der Reporter
angespannt. „Rahn im Sturm auf der rechten Seite.
Rahn rennt! Rahn schießt! Tooor! Tooor!"

Matthes reißt die Augen wieder auf.
Er kann es einfach nicht glauben.

„Wir haben ausgeglichen gegen Ungarn.
2:2 steht es jetzt nach 21 Minuten.
Helmut Rahn, der Junge aus dem Ruhr-Pott,
hat er Deutschland gerettet?
Aber noch ist das Spiel nicht vorbei.
Die Ungarn sind stark. Die Ungarn kämpfen.
Da kann noch so viel passieren."

In Christas „Eck" wird heftig diskutiert.
Es ist Halb-Zeit!
Alle sind angespannt. Jetzt hängt alles von der
zweiten Halb-Zeit ab.
Auch der Pfarrer ist nervös.

„Frau Lubanski, jetzt brauch ich doch ein Pils.
Ein Großes, bitte!"

Richard hält an. Pinkel-Pause.
Vater und Sohn stehen nebeneinander.
„Du, Matthes", beginnt Richard zögernd.
„Ich wollte mich bei dir noch entschuldigen.
Wegen der Kaninchen damals.
Ich wollte Mama und euch nur eine Freude machen.
Es tut mir leid, dass ich dir so wehgetan habe."
Beide gehen zum Auto zurück.

„Ist schon gut, Papa."

Das Finale

Halb-Zeit!
In der Kabine schreien sich die Jungs gegenseitig an.
Jeder macht jedem Vorwürfe.
„Wieso bist du nicht schneller gerannt?"
„Warum hast du nicht ordentlich verteidigt?"
„Wieso hast du nicht den Ball übernommen?"

„Ruhe!", brüllt Herberger.
„Spart euren Atem für die zweite Halb-Zeit auf!
Denkt dran, Jungs.
Jetzt können wir Weltmeister werden.
Ihr müsst nur noch einmal 45 Minuten lang
brennen. Kämpfen! Alles geben!
Einer für alle! Alle für einen!
Und jetzt lese ich euch noch vor,
was die Leute über mich geschrieben haben.
Nach unserem ersten Spiel gegen Ungarn:

„Herberger soll sich einen Strick nehmen.
Aber so, dass man den Strick danach
noch gebrauchen kann."
„50 Schläge auf die nackten Fuß-Sohlen
für Herberger!"
„Herberger, eine Schande für Deutschland!"
„Vor Gericht mit Herberger. Wegen Sabotage!"
„Herberger soll abtreten!"

„Nehmt Herberger den Pass weg
und jagt ihn aus dem Land!"
Die Jungs sind empört.
„So, und jetzt raus mit euch!", sagt Herberger schnell.
Die Spieler laufen ins Stadion.

Mit letzter Kraft hat das Auto vom Pfarrer
doch noch durchgehalten.
Matthes und Richard sind angekommen.
„Willkommen zur Weltmeisterschaft"
steht über dem Eingang vom Stadion.

„Lauf du schon mal hin, Matthes.
Ich muss noch den Wagen parken."
„Nein, Papa, du sollst mit dabei sein."
„Ohne mich bist du schneller.
Du musst dem Boss doch helfen.
Lauf! Ich komme nach."

Matthes läuft zu einem der Seiten-Eingänge.
Er schleicht sich an den Ordnern vorbei.
Vorbei auch an den Spieler-Kabinen.
Dann wirft er einen Blick auf die große Stadion-Uhr:
Sieben Minuten sind noch zu spielen.

Matthes steht jetzt am Spielfield-Rand.
Im strömenden Regen.
Er sieht die Spieler, die Zuschauer, den Ball.

Der Ball rollt direkt auf Matthes zu.
Bis vor seine Füße rollt das runde Leder.
Matthes schaut vom Ball zu den Spielern.
Der Boss! Da ist er!
Der Boss läuft zum Ball. Und da, in diesem
Augenblick, sieht er Matthes.
Mit dem Ball vor seinen Füßen.
Der Boss sieht Matthes ganz ungläubig an.
Aber er ist es tatsächlich.
Matthes ist gekommen, um ihm Glück zu bringen.
Matthes, sein Furzknoten!
Matthes, sein Maskottchen!

Matthes wirft den Ball zum Boss.
Pfiff! Der Boss rennt los.

„Rahn läuft aus dem Hintergrund, aus dem
Hintergrund müsste Rahn jetzt schießen",
die Stimme des Reporters überschlägt sich fast.
„Er schießt. – Tooooor!!! Toooor!! Tooor!
Tor für Deutschland –
Das ist Wahnsinn, meine Damen und Herren!
Fünf Minuten vor Spiel-Ende schießt Rahn das Tor.
Das Tor, das jetzt alles bedeuten kann.
Aber wird es bei dem Vorsprung bleiben?
Die Uhr läuft."

Alle gucken auf den Sekunden-Zeiger:

Herberger und Adi, Richard und Matthes,
die Ackermanns. Alle Gäste in Christas „Eck",
Benno in seinem Ost-Berlin.
Wie gebannt sehen alle auf den Zeiger. Und alle
denken: „Geh doch schneller! Geh doch schneller!"

Jetzt noch eine Minute.
Eine einzige Minute ist noch zu spielen.
Der Pfarrer beginnt zu beten.
Paule hält die Luft an.
Alle halten die Luft an.
Ganz Deutschland.
„Da der Pfiff", brüllt es aus dem Radio.
Das Spiel ist aus! Aus! Aus!
Deutschland ist Weltmeister!!!
Und schlägt Ungarn mit 3:2 Toren im Finale in Bern!"

Ein Toben vor Freude! Tanzen, rennen, lachen,
aufatmen, weinen, alles durcheinander.
Deutschland hat gewonnen. Deutschland ist befreit!

Richard nimmt Matthes ganz fest in die Arme.
Rahn wird auf den Schultern getragen.
Der Held aus dem Ruhr-Pott winkt glücklich zu
Matthes. Herberger wird in die Luft geworfen.
Fritz Walter wird umarmt und von allen gedrückt.

Bei Christa schreien alle durcheinander.

Paule am lautesten.

„Hab ich doch gesagt, dat wir dat gewinnen."

Dann drückt er den Pfarrer in seine Arme.

Auf den Straßen wird getanzt.

Der Ruhr-Pott brodelt.

Jeder küsst jeden.

Ganz Deutschland ist verrückt.

Annette drückt Paul Ackermann ganz fest an sich.

Was für eine Freude! Was für ein Glück!

„Und der Junge heißt Dante", flüstert sie ihm ins Ohr.

Überrascht sieht Paul in die Augen seiner Frau.

„Dante?"

„Ja", sagt Annette lächelnd.

„Dein Sohn wird Dante heißen."

Da endlich kapiert Paul die Worte von Annette.

Annette ist schwanger.

Fußball-Weltmeister und Vater werden!

Paul könnte platzen vor Glück.

Matthes nimmt seinen Vater an die Hand.

„Komm, Papa, ich muss dem Boss noch was bringen."

Die Mannschaft wird gefeiert, überhäuft mit Geschenken.

Hunderte von Fotos werden von den Spielern gemacht.

Bis in die Kabine sind die Reporter gekommen.

Genauso wie Matthes und Richard.
„Hier Boss, die sind für dich", sagt Matthes
zu Helmut Rahn.
„Zwei Flaschen eis-gekühltes Bier."
Der Boss strahlt über das ganze Gesicht.

„Und das da ist dein Vater?"
„Ja", sagt Matthes stolz. „Das ist mein Vater!"

„Gestatten, Lubanski", Richard zieht seinen Hut.
„Respekt vor Ihren Toren, Herr Rahn. Respekt, Boss!
Und danke für alles, was Sie für Matthes getan
haben. In all den Jahren!"

Dann geben sich die beiden Männer die Hand.

Für Matthes ist ein Wunder geschehen.
Das Wunder der Versöhnung, des Respekts
und der Achtung.

Für Deutschland ist es das Wunder von Bern.

Nachwort der Aktion Mensch

Das „Wunder von Bern" geschah am 4. Juli 1954:
Damals gewann die deutsche Nationalmannschaft
die Fußball-Weltmeisterschaft in der Schweiz.
Sie besiegte die Nationalmannschaft von Ungarn
mit drei zu zwei. Obwohl alle erwartet hatten,
dass Ungarn gewinnt.

Dieser Sieg bedeutete viel für die Deutschen.
Denn neun Jahre nach dem Zweiten Weltkrieg
waren viele noch immer betrübt:
Andere Länder mochten die Deutschen nicht.
Städte waren kaputt, weil sie im Krieg zerbombt
wurden. Familien vermissten Angehörige.
Es gab zu wenig Essen und Kleidung. Die Menschen
wussten nicht, wie es weitergehen soll.

Während der Weltmeisterschaft gewann
die deutsche Mannschaft immer mehr Spiele.
Das machte die Deutschen neugierig.
Sie hörten sich die Spiele im Radio an.

Oder sie fieberten vor dem Fernseher mit.
Durch den Sieg jubelten Menschen im ganzen Land.
Sie bekamen neues Selbstvertrauen und Mut.
Und sie freuten sich wieder auf die Zukunft.

Auch heute noch beeindruckt diese Geschichte viele
Menschen. Noch immer fiebern viele mit,
wenn sie Aufnahmen des Endspiels sehen.
Deshalb haben wir „Das Wunder von Bern" in
diesem Buch aufgeschrieben.
So, wie es Sönke Wortmann in seinem
gleichnamigen Film beschrieben hat.

Es war uns wichtig, dass das Buch für alle
verständlich ist. Denn wir finden:
Spannende und unterhaltsame Bücher sollen für
alle Menschen da sein. Auch für solche, die sich
sonst nicht an Bücher herantrauen. Der Spaß
am Lesen Verlag hat die Geschichte in Einfacher
Sprache aufgeschrieben. So dass alle Lust aufs
Lesen bekommen!

Die Aktion Mensch setzt sich für Inklusion ein.
Das bedeutet: Jeder Mensch soll am
gesellschaftlichen Leben teilnehmen können.
Soll Neues entdecken können, ohne die Hilfe
anderer zu brauchen.

Jeder soll mitreden, mitlachen und mitmachen können. Und es muss eben auch möglich sein, selbständig ein gutes Buch zu lesen.

In diesem Sinne wünschen wir Ihnen:
Viel Spaß beim Lesen!

Ihre Aktion Mensch

Wörterliste

Seite 7 **bangen**
etwas befürchten

Seite 8 **Aachen**
Fußball-Verein Alemannia Aachen

Seite 8 **Rot-Weiß Essen**
Fußball-Verein

Seite 9 **Zeche**
Berg-Werk

Seite 10 **Krieg**
Zweiter Welt-Krieg (1939-1945)

Seite 12 **futtern**
essen

Seite 13 **Seelen-Tröster**
etwas gegen Traurigkeit

Seite 14 **über die Runden bringen**
dafür sorgen, dass jemand überlebt

Seite 14 **kein Pappen-Stiel sein**
nicht einfach sein

Seite 14 **entrümpeln**
alte Sachen wegwerfen

Seite 14 **Pils**
helles Bier

Seite 15 **fetzig**
schnell, wild

Seite 15 **Boogie-Woogie**
Paar-Tanz; von amerikanischen Soldaten
nach dem Krieg nach Deutschland gebracht

Seite 15 **Knast**
Gefängnis

Seite 15 **Nazi**
Kurz-Form von National-Sozialist;
Anhänger von Adolf Hitler

Seite 16 **Neger-Musik**
abwertendes Wort für die Musik von Amerikanern,
die aus Afrika stammen; meist Blues und Jazz

Seite 17 **Kriegs-Gefangenschaft**
Jemand wird im Krieg vom Feind gefangen
genommen; oft verbunden mit Arbeits-Lagern.

Seite 19 **Sturm klingeln**
lange und laut klingeln

Seite 19 **willze**
Sagt man im Ruhr-Pott statt „willst du".

Seite 19 **kannze**
Sagt man im Ruhr-Pott statt „kannst du ".

Seite 20 **Maskottchen**
Personen, Tiere oder Gegenstände,
die Glück bringen sollen

Seite 23 **Kommunistische Partei Deutschlands
(KPD)**
Die Partei will die Herrschaft der Arbeiter-Klasse
und den Kapitalismus abschaffen.

Seite 23 **Kippe**
Rest von einer Zigarette

Seite 23 **WM**
Abkürzung für Welt-Meisterschaft

Seite 25 **Deutsches Rotes Kreuz**
Organisation für freiwillige Helfer in der Not,
in Krisen-Gebieten, bei Krankheiten,
in der Sozial-Arbeit.

Seite 31 **Disziplin**
Ordnung und Gehorsam

Seite 33 **sich qualifizieren**
beweisen, dass man für etwas geeignet ist

Seite 34 **Saarland**
Das Saarland gehörte 1954 noch nicht zur
Bundesrepublik Deutschland. Es war zum Teil
selbstständig und hatte eine eigene Fußball-
Nationalmannschaft.

Seite 35 **Furz-Knoten**
anderes Wort für „Kleiner"; kann nett gemeint sein,
aber auch abwertend

Seite 37 **Rechts-Außen**
Spieler, der an der rechten Außen-Linie
vom Spiel-Feld spielt. Er bereitet die Tore vor
und stürmt oft nach vorne.

Seite 37 **Verteidiger**
Hier: Spieler, der die Bälle des Gegners abwehren soll.
Dafür muss er sehr viel laufen.

Seite 38 **futsch**
weg

Seite 39 **Sabotage**
absichtliche Störung oder Zerstörung

Seite 39 **Straf-Gefangenschaft**
Jemand wird wegen einer Straf-Tat verurteilt
und kommt ins Gefängnis oder Arbeits-Lager.

Seite 39 **Sibirien**
großer Teil von Russland, der zu Nord-Asien gehört

Seite 41 **Fox-Trott**
Tanz zu zweit nach einfachen Regeln

Seite 41 **Fan**
begeisterter Anhänger

Seite 41 **englischer Soldat**
Nach dem 2. Weltkrieg waren im Ruhrgebiet
englische Soldaten stationiert.

Seite 42 **Taille**
gesprochen „Teilje"; schmale Stelle des Körpers
zwischen Brust und Hüften

Seite 43 **sich auftakeln**
sich herausputzen, sich stark schmücken

Seite 45 **Adi (Adolf) Dassler (1900 – 1978)**
entwickelte Sport-Schuhe; hat die Firma Adidas
gegründet

Seite 46 **Stollen**
Hier: Zapfen unter der Schuh-Sohle.
Sie geben mehr Halt.

Seite 46 **Finale**
End-Spiel bei Wett-Kämpfen

Seite 46 **Sätze**
Hier: Festgelegte Anzahl von Gegenständen.
Bei elf Fußball-Spielern besteht ein Satz Schuhe
aus elf Paar Schuhen.

Seite 47 **Förder-Turm**
Hoher Zechen-Turm mit Zahn-Rädern. Die Räder
drehen Draht-Seile und befördern so die Körbe
mit der Kohle nach oben.

Seite 47 **Stein-Kohle**
festes schwarzes Gestein; wichtig für Strom-
Erzeugung und zur Herstellung von Stahl;
wird auch „schwarzes Gold" genannt

Seite 47 **Kumpel**
Hier: Berg-Mann

Seite 48 **Gas-Maske**
Atem-Schutz-Maske, um sich gegen Gift-Gas
zu schützen

Seite 50 **hebeln**
mit Kraft in eine bestimmte Richtung biegen

Seite 52 **Kurz-Schluss**
Zwei Kabel unter Strom kommen zusammen.
Ein Funke entsteht. Die Sicherung fliegt raus.

Seite 52 **amputieren**
abnehmen. Ein Bein muss zum Beispiel
abgenommen werden, wenn es nicht mehr
durchblutet wird.

Seite 53 **Vor-Runden-Spiel**
Spiel, das darüber entscheidet, welche Mannschaft
am Haupt-Wett-Kampf teilnehmen darf

Seite 54 **Pfennig**
deutsches Geld-Stück, bevor es den Euro gab.
Es gab 1, 2, 5, 10 und 50 Pfennig-Münzen.
2 Pfennig entsprechen etwa 1 Euro-Cent.

Seite 54 **Ersatz-Köppe**
Ersatz-Spieler, die erst dann spielen, wenn ein anderer
Spieler ausfällt oder ausgetauscht werden soll

Seite 71 **Steg**
Holz-Brücke, die vom Ufer ins Wasser führt

Seite 73 **Halb-Finale**
Die besten vier Mannschaften aus dem Viertel-
Finale spielen gegeneinander. Die beiden
Gewinner-Mannschaften kommen ins Finale.

Seite 78 **D-Mark**
deutsches Geld vor dem Euro. Eine D-Mark hatte
den Wert von 100 Pfennigen oder 10 Groschen.

Seite 78 **Stahl-Werk**
Fabrik zur Herstellung von Metall. Stahl wird aus
Eisen gemacht. Dafür braucht man Kohle (Koks).

Seite 80 **Beicht-Stuhl**
Wer Schlechtes tut, begeht eine Sünde. So sagt es
die katholische Kirche. Die Sünden kann man einem
Pfarrer erzählen (beichten). Der Pfarrer sitzt in
einem dunklen Raum aus Holz (Beicht-Stuhl),
damit das Gespräch vertraulich bleibt.
Man kann sich gegenseitig nicht sehen.

Seite 81 **Fall-Rückzieher**
Der Ball wird mit dem Fuß aus der Luft aufgefangen
und rückwärts nach hinten über den eigenen Kopf
zum Tor geschossen.